Kinder- und Jugendstimme

Band 2

Kinder- und Jugendstimme

Band 2

Herausgegeben von
Dr. Michael Fuchs

Michael Fuchs (Hrsg.)

Stimmkulturen

Logos Verlag Berlin

λογος

Kinder- und Jugendstimme

Herausgegeben von

Dr. Michael Fuchs

unter Mitarbeit von Dipl.-Sprechwissenschaftler Roland Täschner

Universitätsklinikum Leipzig AÖR
Abteilung für Phoniatrie und Audiologie
Liebigstraße 10-14
04103 Leipzig

Tel.: +49 (0)341 / 9721 800
Fax: +49 (0)341 / 9721 809

Bibliografische Information der Deutschen Nationalbibliothek

Die Deutsche Nationalbibliothek verzeichnet diese Publikation in der Deutschen Nationalbibliografie; detaillierte bibliografische Daten sind im Internet über http://dnb.d-nb.de abrufbar.

ISBN 978-3-8325-1702-1
ISSN 1863-2440

Logos Verlag Berlin
Comeniushof, Gubener Str. 47,
10243 Berlin

Tel.: +49 (0)30 / 42 85 10 90
Fax: +49 (0)30 / 42 85 10 92

http://www.logos-verlag.de

Vorwort

Kinder und Jugendliche kommen zunehmend mit dem Wunsch auf die Gesangspädagogen zu, außer dem Volks-, Kinder- und Kunstlied sowie klassischer Chorliteratur, andere Musikstile zu singen. Sie interessieren sich auch für andere Musikkulturen: vom Musical über Pop-, Film- und Rockmusik bis hin zu speziellen musikalischen Formen wie zum Beispiel dem Gospel.

Darauf müssen alle Disziplinen, die sich mit der Pflege, Ausbildung und Gesunderhaltung junger Stimmen beschäftigen, vorbereitet sein: Gesangspädagogen, Chorleiter, Stimmbildner, Musiklehrer aber eben auch die Mediziner und die Wissenschaftler: Fachärzte für HNO-Heilkunde, Sprach-, Stimm- und kindliche Hörstörungen, Kinderheilkunde, die Logopäden und Sprechwissenschaftler. Das vorliegende Kompendium aus Beiträgen von internationalen Spezialisten will in einer allgemein verständlichen Sprache und aus interdisziplinärer Sicht die Möglichkeiten und Anforderungen, aber auch die Gefahren für die jungen Stimmen beleuchten, die durch das Singen in diesen verschiedenen Musikstilen und -kulturen bestehen.

Aus stimmphysiologischer Sicht stehen dabei die so genannten Ansatzräume des Stimmapparates im Mittelpunkt, die das Individuelle, die Klangschönheit und die Effizienz unserer Stimme hervorbringen und zugleich für die Artikulation verantwortlich sind. Die anschauliche und praxisorientierte Darstellung akustischer und physikalischer Grundlagen und Zusammenhänge bei der Stimmentstehung soll die Übertragung der Erkenntnisse in die klinische und gesangspädagogische Arbeit erleichtern.

Die Gesangspädagogen präsentieren einen Ausschnitt aus der Vielfalt der musikalischen Stilrichtungen für die Kinder- und Jugendstimme, von der alten Musik über den romantischen Solo- und Chorgesang bis zum Musical, Jazz und Pop. Dabei werden nicht regelmäßig singende Kinder und deren musikalische Möglichkeiten genauso berücksichtigt, wie Mitglieder in (professionellen) Kinder- und Jugendchören. Die Autoren hinterfragen, ob sich durch „TOKIO HOTEL“ & Co. auch Chancen für die gesangspädagogische Arbeit ergeben. Humanethologische, musikethnologische und musikpsychologische Kapitel bilden einen inhaltlichen Rahmen.

Der vorliegende Band 2 der Schriftenreihe „Kinder- und Jugendstimme“ präsentiert die Inhalte der Vorträge und Workshops des 5. Leipziger Symposiums zur Kinder- und Jugendstimme. Alle Autoren haben sich bemüht, nicht nur ihre Kenntnisse und Intensionen engagiert darzustellen und an Sie weiterzugeben, sondern auch möglichst viel von der aufgeschlossenen und beflügelnden Atmosphäre des Symposiums einzufangen, die durch intensive Diskussionen und Interaktionen geprägt war.

Dafür sei an dieser Stelle ganz ausdrücklich den Autoren, aber auch den Kooperationspartnern Arbeitskreis Musik in der Jugend, Hochschule für Musik und Theater „Felix Mendelssohn Bartholdy“ Leipzig und dem Bundesverband Deutscher Gesangspädagogen sowie den Teilnehmern gedankt. Sie alle haben dazu beigetragen, dass dieser Band entstehen konnte. So bleibt mir im Namen aller Genannten eine interessante, für Ihre Tätigkeit nützliche und gewinnbringende Lektüre zu wünschen.

Michael Fuchs Leipzig, Januar 2008

Inhaltsverzeichnis

Gesang als Signal
Humanethologische Aspekte des Singens

Christian Lehmann

Die Humanethologie ist die Wissenschaft von der Biologie des menschlichen Verhaltens [6]. Was ist damit gemeint? Die Frage nach den biologischen Grundlagen menschlicher Verhaltensweisen kann in mehrere Ebenen aufgefächert werden: Zum einen richtet sich das Interesse auf die physiologischen Mechanismen, die „proximaten" oder Wirk-Ursachen, die einem Verhalten zugrunde liegen. Darüber hinaus fragt die Humanethologie nach dem Anpassungswert von Verhalten in evolutionärer Perspektive: Welche Verhaltensstrategien könnten unter welchen Bedingungen in unserer menschlichen Stammesgeschichte die Fortpflanzung oder das Überleben von Individuen oder Gruppen begünstigt und sich folglich durch genetische Vererbung durchgesetzt haben? Dies ist die Frage nach den „ultimaten Ursachen" eines Verhaltens. [24] Doch die Humanethologie interessiert sich nicht nur für die Stammesgeschichte, sondern auch für die Ontogenese, also die Entwicklung und Reifung der angeborenen Anlagen[1] und die Veränderung von Verhaltensstrategien im Laufe einer menschlichen Lebensspanne.

Eine wichtige Methode, um angeborene – also durch stammesgeschichtliche Anpassung geformte – von kulturell erworbenen Verhaltensmustern zu unterscheiden (eine exakte Abgrenzung ist freilich aufgrund der Wechselwirkungen zwischen Erbe und Umwelt nicht immer möglich und sinnvoll), ist die kulturübergreifende, vergleichende Beobachtung. Anthropologische Universalien, also Muster des menschlichen Verhaltens, die in sehr verschiedenen Kulturen in sehr ähnlicher Weise zu beobachten sind (z.B. das Vermeiden von Inzest oder bestimmte Elemente der Mimik als Signale im Dienst der Kommunikation), sind gute Kandidaten für evolutionäre Anpassungen.

[1] Der Begriff „angeboren" wird immer wieder missverständlich gebraucht und bedeutet nicht zwingend „von Geburt an ausgeprägt". Merkmale wie die Fähigkeit zur bipedalen Fortbewegung oder der Sexualtrieb müssen durch Entwicklungsprozesse reifen, sind aber dennoch angeboren und werden nicht durch Sozialisation erworben.

Das Interesse an den biologischen Determinanten menschlicher Ästhetik, Bildkunst, Dichtung und Musik hat in den letzten Jahren einen Aufschwung erlebt. Im Bereich der Musikforschung richtete sich die Aufmerksamkeit zunächst vor allem auf proximate, neurophysiologische Mechanismen der Musikwahrnehmung und -verarbeitung[2] [22,29], die dem empirischen Studium insbesondere mit Hilfe moderner bildgebender Verfahren zugänglich sind. Für die Evolutionsbiologie und die Humanethologie ist jedoch darüber hinaus die Frage von besonderem Interesse, wie der Mensch in seiner Stammesgeschichte zur Musik und zur Musikalität kam, was die ultimaten Ursachen sein könnten, dass er ein *Animal musicale* wurde. Welche Funktionen und welchen adaptiven Wert könnte ein so kostspieliges und zeitaufwendiges Verhalten wie Musikausübung für das Überleben des Menschen in seiner Umwelt und seinem sozialen Gefüge, für seine Kommunikation und seine Sexualität haben? In welchem stammesgeschichtlichen Verhältnis stehen die beiden kommunikativen Systeme Musik und Sprache zueinander?

Zu diesen Fragen sind in den letzten Jahren verschiedene plausible theoretische Konzepte vorgelegt worden [27], die hier nicht im einzelnen erörtert werden können. Im Folgenden will ich einige evolutionäre, physiologische und kommunikative Aspekte des Singens anreißen, die die humanethologische Perspektive auf den Bereich Stimme, Gesang und Musikalität veranschaulichen mögen.

Singen und Sprechen

Oftmals wird in populärwissenschaftlichen Artikeln über biologische Grundlagen und „Ursprünge" der Musik – ein Thema, das seit einigen Jahren sogar für Titelgeschichten auflagenstarker Illustrierter[3] interessant geworden ist – auf die ältesten Funde prähistorischer Musikinstrumente hingewiesen, die belegen, dass unsere Vorfahren schon vor 20.000 oder 35.000 Jahren musiziert haben. Doch für die Frage nach der *biologischen* Evolution musikalischen Verhaltens sind diese Instrumentenfunde kaum relevant – aus folgenden Gründen:

[2]zahlreiche Untersuchungen der Forschergruppen von E. Altenmüller in Hannover und S. Koelsch in Leipzig zur Neurokognition der Musik.

[3]DER SPIEGEL Nr.31/2003; GEO Nr.11/2003.

Die Menschen, die jene paläolithischen Knochenflöten spielten, waren biologisch bereits moderne Vertreter des Homo sapiens. Wenn sie vor ca. 35.000 Jahren Blasinstrumente erfanden, mit denen Melodien gespielt werden konnten, so waren diese „Werkzeuge" eine kulturelle Neuerung. Die entscheidenden kognitiven und anatomischen Evolutionsschritte jedoch, die zur musikalischen Äußerung befähigen, müssen bereits sehr viel früher stattgefunden haben. So deuten fossile Befunde der Schädelmorphologie darauf hin, dass die Fähigkeit zur *stimmlichen* Äußerung spätestens beim Homo heidelbergensis vor ca. 300.000 Jahren ebenso ausgebildet war wie beim heutigen Menschen [18].

Im Kreise der Teilnehmerinnen und Teilnehmer des Leipziger Symposiums zur Kinder- und Jugendstimme dürfte ich offene Türen einrennen, wenn ich also die These formuliere: *Primäre, da unmittelbare musikalische Äußerungsform des Menschen ist das Singen.* Das Spiel auf Melodieinstrumenten ist Werkzeuggebrauch, der den Gesang imitiert oder begleitet. Der Gebrauch von Rhythmusinstrumenten, die Perkussion, ist ein anderes Phänomen, das hier nicht näher behandelt werden kann.[4]

Für die Annahme, dass die vokale Ausstattung unserer Vorfahren vor mehreren hunderttausend Jahren nicht nur Sprachfähigkeit, sondern auch die Fähigkeit zum Gesang – oder zu einer gesangsähnlichen Vokalisation – bedeutete, sprechen verschiedene Anhaltspunkte.

Singen als vokale Kommunikationsform, die sich von der gesprochenen Mitteilung unterscheidet, ist eine anthropologische Universalie, also in ihrem Ursprung nicht kulturspezifisch. Alle menschlichen Kulturen kennen Gesang als in Tonhöhe und/oder Rhythmus organisierte und definierte verbale Ausdrucksformen, die sich von der alltäglichen Rede und vom Ruf unterscheiden – wenn auch eine allgemeingültige Definition des Singens problematisch ist.

Die These, dass der Mensch sang, bevor er sprach, ist nicht nur eine seit Jahrhunderten populäre philosophische Idee, sondern wird auch in neuesten wissenschaftlichen Theorien formuliert. So stellt Steven Brown [5] das Modell einer sog. „*musilanguage*" als eines gemeinsa-

[4] T. Fitch [11] hat plausibel eine mögliche Homologie zwischen dem menschlichen Gebrauch von Schlaginstrumenten und dem Trommeln der Menschenaffen dargelegt.

men evolutionären Vorläufers von Sprache und Musik vor. Brown argumentiert mit strukturellen Gemeinsamkeiten von Musik und Sprache und vermutet, dass der sprachgesangliche Vorläufer u.a. durch das Merkmal der *Tonhöhe als Bedeutungsträger* gekennzeichnet war. Vaneechoutte & Skoyles stellen die Hypothese auf: „Wir können sprechen, weil wir singen können" (und nicht umgekehrt) [26]. Musikalische Fähigkeiten zur Melodiebildung, Sequenzierung und Phrasierung seien im Dienst der emotionalen Paar- und Gruppenbildung in der Evolution *primär* entstanden und ermöglichten dann *sekundär* die gesprochene Sprache, bei der wir ja unseren Vokalapparat nicht voll ausnutzen. Man denke in diesem Zusammenhang, möchte ich hinzufügen, vor allem an den Tonumfang der Stimme, der weit über den Bereich der gesprochenen Sprache hinausgeht, an die präzise Steuerung der Intonation über diesen ganzen Umfang und an die Fähigkeit zur Atemkontrolle, die ja in diesem Maße für das Sprechen nicht erforderlich ist.

Nach einer verbreiteten Lehrbuchmeinung ist die tiefe Position des menschlichen Kehlkopfes (etwa in Höhe des vierten bis siebenten Halswirbels) typisch für unsere Spezies. Der evolutionäre Nachteil der Kehlkopfabsenkung, nämlich die Gefahr, sich beim Essen zu verschlucken, sei, so die Theorie, durch den Gewinn der Sprachfähigkeit aufgewogen worden. Die tiefe Kehlkopfposition sei eine wesentliche Voraussetzung für eine klare Vokalbildung [15,16].

Der amerikanische Evolutionsbiologe Tecumseh Fitch konnte jedoch zeigen, dass eine Tiefstellung des Kehlkopfes nicht einzigartig für den Menschen ist, sondern bei mehreren Säugetierspezies vorkommt [10,12]. So ziehen z.B. männliche Rothirsche ihren ohnehin tief positionierten Larynx beim Röhren noch weiter nach unten, so dass der Vokaltrakt stark verlängert wird. Fitch folgert, dass die tiefe Kehlkopfposition und die Fähigkeit, den Vokaltrakt zu verlängern, evolutionär nicht im Zusammenhang mit der Sprachfähigkeit stehen muss, da auch Säugetierarten, die nicht sprechen können, dieses Merkmal zeigen. Als alternative Theorie eines evolutionären „Nutzens" der Kehlkopfabsenkung weist Fitch auf folgenden Zusammenhang hin: Durch die Verlängerung des Vokaltraktes verändert sich die Verteilung der Formanten, also die Klangfarbe und die Tragfähigkeit der Stimme. Die Länge des Vokaltraktes korreliert wiederum innerhalb einer Spezies mit der Körpergröße. Die Erzeugung einer bestimmten

Klangfarbe durch Verlängerung des Vokaltrakts kann also als Signal gewertet werden, als Imponieren, als „akustische Übertreibung der Körpergröße“ – so wie viele Tiere optisch durch das Sträuben des Fells oder des Gefieders größer erscheinen.

Hier kann man den Gedanken anknüpfen, dass beim menschlichen Gesang eine tiefe Kehlkopfposition die Bildung von Singformanten und die Funktionen der stimmlichen Feinmechanik im Larynx begünstigt. Diese physikalisch effiziente (wenn auch nicht in allen Musiktraditionen praktizierte) „Sing-Einstellung“ insbesondere des männlichen Vokalapparats ist also nicht nur eine vom Sprechen verschiedene künstlerische Ausdruckshaltung, sondern entspricht auch einer akustischen Signalstellung, die eine ausgeprägte biologische Bedeutung hat und phylogenetisch weiter zurückreicht als die Fähigkeit zur artikulierten Sprache.

Singen als ritualisiertes Sprechen

Auf der Abbildung 1 sehen wir die zeichnerische Darstellung eines Singstreits (oder Gesangsduells) der grönländischen Inuit. Bei einer

Abb. 1: Darstellung eines grönländischen Singstreits (Hans Egede 1742)

gravierenden Auseinandersetzung zwischen zwei Männern konnte einer den anderen zu einem Singstreit herausfordern. Dabei sangen die beiden Männer abwechselnd mit Begleitung einer Trommel Spottgesänge auf den Kontrahenten. Wer schlagfertiger war, den Gegner zum Verstummen brachte und den meisten Applaus erhielt, hatte nicht nur den Singstreit, sondern auch den zugrundeliegenden Rechtsstreit für sich entschieden. Der Singstreit war also eine traditionelle Form der Gerichtsbarkeit. Diese Tradition, in der Landessprache *piseq* genannt, ist in zahlreichen Abhandlungen als Kulturspezifikum beschrieben worden. Singstreit-Traditionen kommen jedoch in ähnlicher Form, wenn auch mit unterschiedlich ausgeprägter sozialer Bedeutung, in zahlreichen, weit voneinander entfernten Kulturen vor. Eine dem *piseq* sehr ähnliche Tradition ist das „drumming the scandal" beim Stamm der Tiv in Nigeria. [1] Gesungene Spottvers-Duelle sind vielfach aus dem gesamten Mittelmeerraum und als *Gstanzln* oder *Schnadahüpfln* aus Bayern und Österreich bekannt. Yanomami-Männer tragen Dispute in einer rhythmischen Sprechgesang-Form (*himou*) [7] vor, die stark an den *Rap* erinnert, ein Genre, in dem improvisierte „battles" bekanntlich ebenfalls eine wesentliche Rolle spielen.

Was sind die typischen, kulturübergreifend gemeinsamen Merkmale der Singstreit-Traditionen? Ein Wortgefecht wird in improvisiertem Stegreifgesang ausgetragen, wobei scharfe Ironie und Spott nach bestimmten Konventionen erlaubt sind. Auch die Form (Wechselgesang; melodische und rhythmische Schemata) folgt mehr oder weniger strengen Regeln. Die Situation ist durch den formalisierten, geregelten Ablauf und gesungenen Vortrag „theatral" aus dem Alltag herausgehoben. Die Kontrahenten stellen sich dar und zeigen ihr Können. Die gesungene Rede ist ambivalent: sie hat einerseits den Charakter des emphatischen „Verkündens" und ist andererseits ein „uneigentliches Sprechen", das nicht so gemeint ist wie die pragmatische Alltagssprache.

Der Singstreit, fast ausschließlich unter Männern ausgetragen, erfüllt in vielen Kulturen die soziale Funktion der Aggressionskontrolle und Konfliktbewältigung, der Herstellung und Aufrechterhaltung eines sozialen Gleichgewichts [14].

Das Singen kann hier als „ritualisierte Rede“ bezeichnet werden. Ritualisierung bedeutet im verhaltensbiologischen Sinne[5] ein „Umfunktionieren“ von Verhaltenselementen bei Mensch und Tier hin zu einem kommunikativen Signal, wobei der Ablauf des Musters meist vereinfacht, formalisiert und stereotyp, die Amplitude der Bewegung aber oft vergrößert ist. Typisch für die Struktur des ritualisierten Verhaltens sind auch rhythmische Wiederholungen. Wenn wir die Deklamation des Singstreits, die Totenklagen, die Invokationen in religiösen Zeremonien oder die gesungene *Oral Poetry* der Barden und Rhapsoden der gesprochenen Prosa gegenüberstellen, so erkennen wir die Merkmale der Ritualisierung unschwer wieder. Die Sprache erhält in der gesungenen Form eine veränderte Bedeutung: im Sinne eines bekenntnishaft gehobenen oder auch eines uneigentlichen Sprechens.

Auch andere Kategorien der Funktion und des Affekts von Gesängen dürften in Grundzügen archetypisch und kulturübergreifend ähnlich beschaffen sein:

Rainer Eggebrecht fand, dass Hörer unterschiedliche Gattungen von Gesängen (z.B. Jagd-, Kriegs-, Trauer-, Wiegen- und Liebeslieder) aus sehr verschiedenen Kulturen mit großer Sicherheit der richtigen Funktion zuordnen können [4]. Die „Leitmotive“ eines Affekts weisen kulturübergreifende Gemeinsamkeiten im melodischen Verlauf und im Rhythmus auf: das Deszendenzmelos der Klagegesänge, die sanfte Melodiekontur der Wiegenlieder, der gestoßene Rhythmus der Kriegsgesänge. Der vokale Ausdruck zur Mitteilung von Affekten ist nicht *primär* kulturell geprägt, sondern basiert auf ererbten, oft psychophysiologisch begründeten Dispositionen. Was die Prosodie der gesprochenen Sprache angeht, konnten Sedlacek und Sychra bereits 1963 zeigen, dass nicht-tschechisch sprechende Personen die Stimmung eines tschechisch gesprochenen Satzes richtig interpretieren.

Der Singstreit ist eine Form, die überall auf der Welt mit wenigen Ausnahmen fast nur von Männern ausgeführt wird. Gruppengesänge, die durch ihre synchronisierende und affektive Wirkung dazu beitragen, den inneren Zusammenhalt der Gruppe zu stärken und sie nach außen abzugrenzen, sind wohl ebenfalls vorwiegend männlich. Vor allem von Frauen werden in vielen Kulturen Totenklagen gesungen; eine fast rein weibliche Domäne ist aber vor allem das Wiegenlied.

[5]ausführliche Definition z.B. bei [5]

Will man ein Modell von Grundkategorien musikalischen Verhaltens in evolutionärer Perspektive entwerfen, so erscheint es sinnvoll, nicht nur nach Funktion und Form, sondern auch nach Geschlecht zu differenzieren [14].

„Ammensprache" oder Motherese

Der Wiegenlied-Typus könnte auf eine archaische, „protomusikalische" Form der Kommunikation zwischen Mutter und Baby zurückgehen. Wenn Mütter zu ihren Säuglingen sprechen, dann ist die mütterliche Vokalisation gegenüber der normalen „Erwachsenensprache" verändert: in Tonhöhe, Tonumfang, Melodiekontur, Rhythmus und einigen linguistischen Merkmalen[6] [9,20]. Die mittlere Tonlage dieser sog. *Motherese* ist um etwa eine Oktave erhöht, der Tonumfang auf bis zu zwei Oktaven erweitert, die Melodiekontur der Sprache überzeichnet.

Die Melodie der Äußerungen ist spezifisch für den Affekt und die Funktion, z.B. die Aufmerksamkeit des Kindes zu erregen, es zu bestätigen oder zu beruhigen. Babys reagieren ihrerseits auf geringe Intonationsveränderungen, zeigen Präferenzen für Gesang gegenüber Sprache und für weibliche gegenüber männlichen Stimmen [17,25]. Eltern (insbesondere Mütter) und Babys teilen einen „prälinguistischen" Code, in dem musikalische Elemente wie Tonhöhe, Melodieverlauf, Rhythmus und Klangfarbe bedeutungstragend sind. Diese protomusikalische Kommunikation zwischen Mutter und Kind vermag Vertrautheit mit der Sprachmelodie und deren emotionaler Bedeutung zu schaffen, sowie Aufmerksamkeit und Affekt des Kindes zu modulieren und mit der Mutter zu synchronisieren. – Dass musikalische Interaktion emotionale Bindung und Synchronisation von Bewegung, Aufmerksamkeit und Affekt bewirken kann, wird auch an musikalischen Gruppenaktivitäten wie rhythmischem Klatschen, Gruppentanz, Marschmusik oder Fußball-Fangesängen sehr deutlich.

Angesichts der oben genannten Funktionen erscheint es plausibel, den protomusikalischen „Singsang" der Motherese als evolutionäre Verhaltensanpassung zu verstehen. Sie ist mit ihren typischen Merkmalen in allen Kulturen ähnlich und weitgehend unabhängig von den spezifischen prosodischen Eigenheiten der Sprachen.

[6] z.B. Ferguson 1964

Frauenstimme – Männerstimme

Wenn wir Geschlechtsdifferenzen im Zusammenhang mit musikalischem Verhalten betrachten, so muss auf einer physischen Ebene natürlich zunächst der Unterschied der Stimmlagen von Mann und Frau auffallen. Die proximaten Ursachen für diesen akustischen Geschlechtsunterschied sind allgemein bekannt: Durch den Einfluss von Testosteron wächst der männliche Kehlkopf während der Pubertät stärker als der weibliche, so dass sich nach dem Stimmwechsel eine physiologische Stimmlagendifferenz zwischen Mann und Frau von durchschnittlich einer Oktave einstellt. Auch in der Proportion der Register unterscheiden sich Frauen- von Männerstimmen. Der Grössenunterschied des männlichen und weiblichen Kehlkopfes ist beim Menschen überproportional im Vergleich zum Unterschied der Körpergröße.

Da ein Zusammenhang zwischen dem männlichen Geschlechtshormon Testosteron und der Stimmlage besteht, würden Verhaltensforscher eine weibliche Partnerwahlpräferenz für Männer mit tiefen Stimmen erwarten. Dies ist tatsächlich in verschiedenen Untersuchungen bestätigt worden [3,8,21]. Tiefe Männerstimmen werden sowohl als attraktiv wie auch als dominant beurteilt – die Untersuchungen wurden allerdings immer anhand der *Sprech*stimme durchgeführt.

Der Gebrauch der weiblichen und der männlichen *Sing*stimme entspricht in vielen Musiktraditionen (nicht nur in der europäischen Kunstmusik) dem physiologisch gegebenen Lagenunterschied.[7] Interessanterweise singen hingegen Frauen und Männer in der westlichen Popularmusik der letzten 30 Jahre oftmals in der gleichen Lage, sodass die Stimme in dieser Musikkultur wohl kaum noch als Signal der Geschlechtsidentität verstanden werden kann.

Aus verhaltensphysiologischer Sicht erscheint dies auf den ersten Blick paradox. Eine ethologische Erklärung kultureller Präferenzen für sehr hohe Männer-Singstimmen (man denke auch an die Kastraten der

[7] Als Hörbeispiele wurde im Vortrag ein kurzer Ausschnitt traditioneller Gesänge aus Malawi (Südostafrika) eingespielt [19], außerdem einige Takte aus Tina Turner, *Two People* und Chicago, *Hard to say I'm sorry.* Turner und der Sänger der Gruppe Chicago, Peter Cetera, singen etwa in der gleichen Lage. Turner benutzt dabei ein isoliertes Brustregister, Cetera singt mit Kehlkopfhochstand nur im oberen Bereich seines Stimmumfangs.

barocken Oper und an manche Volksmusiktraditionen) könnte darin bestehen, dass die Beherrschung der oberen Grenzlage in der Regel ein hohes Maß an stimmlicher Leistungsfähigkeit und Training erfordert – also gleichsam als athletische Leistung wahrgenommen wird. Die Sprechstimme (Indifferenzlage) hingegen zeigt im günstigen Fall einen niedrigen Spannungszustand des Stimmapparats an. In der Popularmusik ist diese Leistung der Singstimme freilich nur eine scheinbare, wenn sie zu einem großen Anteil durch elektronische Verstärkung simuliert wird.

Resümee

Singen ist eine Universalie des menschlichen Verhaltens. Gesang hat eigene kommunikative und teilweise sehr essentielle soziale Funktionen, die sich von der gesprochenen Kommunikation unterscheiden oder über sie hinausgehen können. Es gibt zahlreiche Anhaltspunkte dafür, dass Musikalität und musikalisches Verhalten eigene evolutionäre Bedeutungen haben und nicht lediglich als Nebenprodukt der kognitiven Evolution des Menschen in anderen Bereichen[8] zu verstehen sind. Auch die Singstimme und die Fähigkeit zum Gesang können nicht als bloße kulturelle Nebenwirkungen der menschlichen Sprachkompetenz betrachtet werden.

Das Wort vom „Wechsel der Ausdrucksgrundhaltung" [28] zwischen Sprechen und Singen trifft in psychologischer, physiologischer, ethologischer und evolutionärer Perspektive zu. Die in vielen Bereichen anzutreffende Vorstellung, Singen sei dann „natürlich" (im Gegensatz zu „künstlich"), wenn es am Sprechton orientiert ist, geht wahrscheinlich darauf zurück, dass der „normale", alltägliche Stimmgebrauch in unserer westlichen Zivilisation das Sprechen ist, und Singen auf soziale Ausnahmesituationen beschränkt ist. Mit Blick auf die Evolution und den Bau unseres Stimmapparats sowie auf die vielschichtigen essentiellen sozialen Bedeutungen des Singens in menschlichen Kulturen muss diese Vorstellung jedoch kritisch hinterfragt werden. Auch die Popularmusik, die mit ihrer immensen Breitenwirkung globale Normen setzt und beispielsweise die Androgynität der Singstimme als Standard erscheinen läßt, muss als *eine* kulturelle Variante in der Vielfalt der Stimmkulturen gesehen werden.

[8] wie Pinker (1994) annimmt

Literaturangaben

[1] Bohannan, P. (1967): Drumming the scandal among the Tiv. In: Bohannan (Hrsg.), Law and Warfare. New York: The Natural History Press, 255-262.

[2] Brown, S. (2000): The „Musilanguage“ Model of Music Evolution. In: Wallin, N.,Merker, B. und Brown, S. (Hrsg.): The Origins of Music. Cambridge MA: MIT Press, 271-300.

[3] Collins, S. A. (2000): Men's voices and women's choices. In: Animal Behaviour 2000: 60, 773-780.

[4] Eggebrecht, R. (1985): Sprachmelodische und musikalische Forschungen im Kulturvergleich. Ein interdisziplinär-anthropologischer Ansatz. Diss., LMU München.

[5] Eibl-Eibesfeldt, I (1980): Ritual and ritualization from a biological perspective, In: Human Ethology. Claims and limits of a new discipline, hrsg. von M. v. Cranach, K. Foppa, W. Lepenies und D. Ploog. Cambridge Univ. Press, 3-55.

[6] Eibl-Eibesfeldt, I. (1986): Die Biologie des menschlichen Verhaltens. 2. Aufl., München: Piper.

[7] Eibl-Eibesfeldt, I., Herzog-Schröder, G. & Mattéi-Müller, M. (2000): Yanomami, Patanoetheri (Venezuela, Oberer Orinoko) – Ausschnitte aus einem Fest (Eintanzen der Gäste, Himou und Abgang). Publ. Wiss. Film. Ethnol. Sonderband 10, S. 11-115.

[8] Feinberg, D.R., Jones, B.C., Little, A.C., Burt, D.M. & Perrett, D.I. (2005). Manipulations of fundamental and formant frequencies influence the attractiveness of human male voices. Animal Behaviour 69(3): 561-568.

[9] Fernald, A. (1992): Human maternal vocalizations to infants as biologically relevant signals: An evolutionary perspective. In: Barkow, J.H., Cosmides, L., Tooby, J. (1992): The Adapted Mind. New York, Oxford, S. 391-428.

[10] Fitch, W. T. (1997): Vocal tract length and formant frequency dispersion correlate with body size in rhesus macaques. Journal of the Acoustical Society of America 102: 1213-1222.

[11] Fitch, W.T. (2005): The Evolution of Music in Comparative Perspective. Annals of the N.Y. Academy of Sciences 1060: 29-49.

[12] Fitch, W.T. and D. Reby (2001): The descended larynx is not uniquely human. Proceedings of the Royal Society, B, 268(1477): 1669-1675.

[13] Lehmann, C. (2007, im Druck): Singstreit, Ständchen und Signale. Zur Biologie und Evolution musikalischen Verhaltens. Diss. Univ. München.

[14] Lehmann, C., Welker, L. & Schiefenhövel, W. (im Druck): Towards an ethology of song: a categorization of musical behaviour. Musicae Scientiae, xx.

[15] Lieberman, P. (1984): The Biology and Evolution of Language. Harvard University Press

[16] Mathelitsch, L. & Friedrich, G. (1995): Die Stimme. Instrument für Sprache, Gesang und Gefühl. Berlin / Heidelberg: Springer, 74-78.

[17] McDermott, J. & Hauser, M. (2005): The Origins of Music: Innateness, Uniqueness, and Evolution. Music Perception Vol. 23, I, 29-59.

[18] Morley, I. (2002): Evolution of the Physiological and Neurological Capacities for Music. Cambridge Archaeological Journal 12, 195-216.

[19] Nyasaland. Northern and Central Malawi 1950 '57 '58. CD, Stichting Sharp Wood Productions / International Library of African Music.

[20] Papousek, M. & Papousek, H. (1981): Intutives elterliches Verhalten im Zwiegespräch mit dem Neugeborenen. Sozialpädiatrie in Klinik und Praxis 3, 229-238.

[21] Scherer, K.R. (1979): Personality Markers in Speech. In: Scherer, K.R., Giles, H. (Hrsg.): Social markers in speech. Cambridge Univ. Press, 147-209.

[22] Spitzer, M. (2002): Musik im Kopf. Stuttgart: Schattauer.

[23] Sundberg, J. (1997): Die Wissenschaft von der Singstimme. Bonn: Orpheus.

[24] Tinbergen, N. (1963): On Aims and Methods in Ethology. Zeitschrift für Tierpsychologie, Band 20, 1963, 410-433.

[25] Trehub, S. E. (2000): Human Processing Predispositions and Musical Universals. In: Wallin, N., Merker, B. & Brown, S. (Hrsg.): The Origins of Music. Cambridge MA: MIT Press, 427-448.

[26] Vaneechoutte, M., Skoyles, J.R. (1998): The memetic origin of language: modern humans as musical primates. Journal of Memetics – Evolutionary Models of Information Transmission, 2.

[27] Wallin, N., Merker, B. und Brown, S. (2000): The Origins of Music. Cambridge MA: MIT Press.

[28] Wendler, J.; Seidner, W.; Kittel, G. & Eysholdt, U. (1996): Lehrbuch der Phoniatrie und Pädaudiologie. Stuttgart / New York: Thieme.

[29] Zatorre R. & Peretz I. (Hrsg., 2001): The Biological Foundations of Music. New York Academy of Sciences.

Warum klingen junge Stimmen anders?

JOHAN SUNDBERG

Die Stimmproduktion auf glottischer Ebene

Das Timbre der menschlichen Stimme hat seinen Ursprung in zwei Quellen: den Stimmlippenschwingungen und den resonatorischen Eigenschaften der Ansatzräume.

Die Stimmlippenschwingungen werden durch eine Kombination aus aerodynamischen Effekten in der Glottis und den mechanischen Eigenschaften der Stimmlippen selbst erzeugt. Der Überdruck der Ausatem-Luft in der Trachea (= subglottischer Druck) treibt die zuvor geschlossenen Stimmlippen auseinander und öffnet auf diese Weise die Glottis.

Aufgrund der Glottisform erzeugt der entstehende Luftstrom einen negativen Druck, das heißt einen ansaugenden Effekt. Da die Beweglichkeit der Stimmlippen sehr groß ist, erzeugt der Ansaugeffekt eine Annäherung an die Mittellinie, wo sie mit der Stimmlippe der Gegenseite kollidiert. Dadurch wird die Glottis wieder verschlossen und so der Luftstrom gestoppt.

Das Ergebnis ist ein pulsierender Luftstrom, der allgemein als „Stimmquelle“ bezeichnet wird (s. oberer Teil der Abbildung 1). Er hat eine Pulsfrequenz, die der Vibrationsfrequenz der Stimmlippen gleich ist und die mit der wahrgenommenen Tonhöhe übereinstimmt. Wenn also beispielsweise die Stimmlippen mit einer Frequenz von 440 Hz schwingen und in der Mittellinie kollidieren, ist die von uns gehörte Tonhöhe das a' (440 Hz).

Die Stimmquelle setzt sich aus harmonischen Teiltönen zusammen, wie es im unteren linken Teil der Abbildung 1 schematisch dargestellt ist. Daraus ergibt sich, dass der Frequenzabstand zwischen benachbarten Teiltönen konstant ist und sich der Frequenz des ersten Teiltons anpasst, die als Grundfrequenz bezeichnet wird. Gleichzeitig werden die Abstände zwischen den tieferen Teiltönen auch durch musikalische Intervalle charakterisiert (Abbildung 1, unten rechts). Zwi-

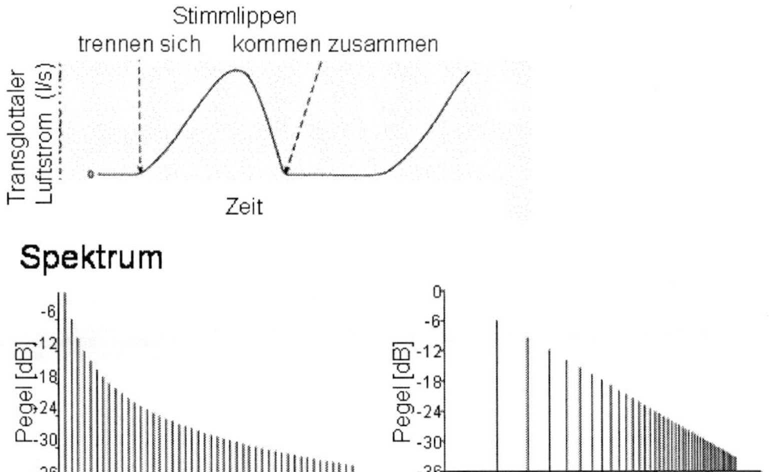

Abb. 1: Schematische Darstellung der Flusskurve (Strömungsglottogramm, oberer Teil) und des Spektrums (unterer Teil) der Stimmquelle. In der linken Version des Spektrums ist die Frequenz linear auf der x-Achse dargestellt, dadurch wird eine bestimmte Frequenz-Differenz durch den entsprechenden Abstand auf der x-Achse abgetragen. Rechts wurde eine logarithmische Darstellung gewählt, so dass ein bestimmtes Frequenz-Verhältnis (zum Beispiel musikalisches Intervall) dem Abstand auf der x-Achse entspricht.

schen erstem Teilton (= Grundfrequenz) und zweitem Teilton liegt eine reine Oktave, zwischen zweitem und drittem eine reine Quinte, zwischen drittem und viertem eine reine Quarte, zwischen viertem und fünftem eine (enge) große Terz und zwischen fünftem und sechstem Teilton eine (weite) kleine Terz.

Die Amplituden der einzelnen Teiltöne im Spektrum nehmen mit steigender Frequenz ab (Abbildung 1, unten links). Dadurch variieren sowohl die umhüllende Kurve (Abhang) des Spektrums als auch die Steilheit dieses Abhangs in Abhängigkeit von der Stimmstärke. In neutraler oder Umgangslautstärke der Stimme fällt die Schalldruckintensität mit etwa 6 dB pro Oktave ab (Abbildung 1, unten rechts).

Die Resonanzfunktion der Ansatzräume

Alle in der Stimmquelle enthaltenen Teiltöne werden vom Kehlkopf in die Ansatzräume abgegeben und versuchen, durch diese Räume zu „schwimmen", bevor sie die Mundöffnung verlassen. Die Ansatzräume fungieren aber als Resonator, der insbesondere die Frequenzen verstärkt, die seinen Resonanz-Frequenzen entsprechen. Das ist der Grund, warum im Kurvenverlauf einzelne Teiltöne unter den Gipfeln der Formanten verstärkt werden, gleichsam gut durch die Ansatzräume schwimmen, während andere im Bereich der Täler zwischen den Formanten gedämpft werden, gleichsam bei Durchschwimmen aufgehalten werden (Abbildung 2). Mit anderen Worten zwingt der Kurvenverlauf der Frequenzen der Ansatzräume seine *Form* dem an der Stimmquelle entstehenden Spektrum auf, bevor es an der Mundöffnung abgestrahlt wird. Daher werden die Resonanzfrequenzen der Ansatzräume *Formanten* genannt.

Die Frequenzlagen der Formanten werden durch die Form der Ansatzräume bestimmt und sind ihrerseits für das Timbre des wahrgenommenen Stimmklangs verantwortlich. Die zwei tiefen Formanten (erster und zweiter Formant) werden für die Vokalverständlichkeit benötigt. Sie sorgen beispielsweise für das Erkennen, ob es sich um ein /a/ oder ein /i/ handelt. Dagegen sind die höheren Formanten für den individuellen Stimmklang wichtig. In Abbildung 3 sind die jeweiligen Kombinationen der ersten und zweiten Formanten dargestellt, um verschiedene Vokale zu erzeugen.

Die Formanten können bezüglich ihrer Frequenz beträchtlich variieren. Der erste Formant kann zwischen etwa 200 Hz und 1.000 Hz liegen, der zweite zwischen 600 Hz und 3.000 Hz. Die dafür erforderliche Formveränderung der Ansatzräume wird von einer ganzen Anzahl von Artikulatoren realisiert: vom Kiefer, den Lippen, der Zungenspitze, dem Zungenkörper, dem Gaumensegel und dem Kehlkopf. Zum Beispiel führt die Kiefer- und Mundöffnung zu einem Anstieg der Frequenz insbesondere des ersten Formanten, während die Position der Zunge maßgeblich den zweiten Formanten beeinflusst.

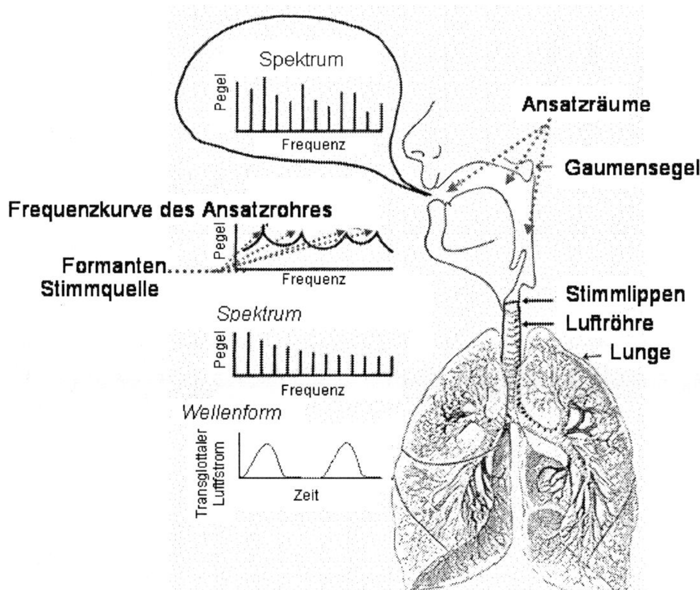

Abb. 2: Schematische Darstellung der Stimmproduktion. Die Schwingung der Stimmlippen erzeugt die Stimmquelle, welche aus einem pulsierenden Luftstrom besteht, der eine Serie von harmonischen Teiltönen enthält (untere beide Diagramme links). Die Ansatzräume filtern als Resonator dieses Spektrum mit einem Frequenz-Kurvenverlauf. Dieser ist einerseits durch Gipfel an den Ansatzraum-spezifischen Resonanzen (= Formanten) und andererseits durch dazwischen liegende Täler charakterisiert (zweites Diagramm von oben). An der Mundöffnung wird ein daraus resultierendes Spektrum abgestrahlt, welches sowohl die Formant-Gipfel als auch die Täler zwischen den Formanten zeigt (oberes Diagramm).

Die Kinderstimme

Die Ansatzräume bei Kindern unterscheiden sich ganz offensichtlich von denen der Erwachsenen. Desgleichen haben Frauen kürzere Ansatzräume als Männer. Da die Form der Ansatzräume die Frequenz-

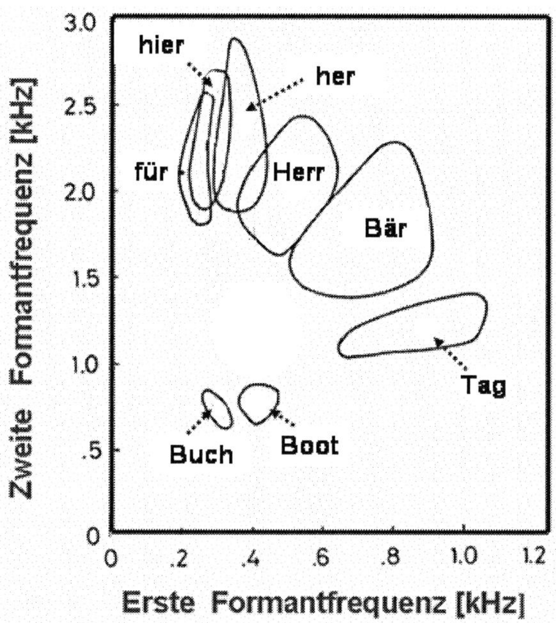

Abb. 3: Frequenzbereiche des ersten und zweiten Formanten für die jeweilige Vokalproduktion.

lagen der Formanten bestimmt, haben Mädchen und Jungen, Frauen und Männer unterschiedliche Formantfrequenzen für den gleichen Vokal.

In Abbildung 4 sind typische Frequenzwerte des ersten und zweiten Formanten für die Vokale /a/, /ae/, /i/ und /u/ dargestellt, wie sie von Mädchen, Jungen und erwachsenen Frauen und Männern artikuliert werden. Dabei sind die Unterschiede beim Vokal /u/ eher gering, während sie für die anderen Vokale deutlich hervortreten. Für diese Vokale haben die Kinder viel höhere Formantfrequenzen der Formanten eins und zwei als die Erwachsenen, ebenso zeigen Frauen höhere Frequenzbereiche als Männer. Schließlich finden sich bei Mädchen höhere Werte als bei den Jungen.

Die dargestellten Frequenzunterschiede sind in anatomischen Unterschieden begründet. Sie sind in Abbildung 5 illustriert: Das Wachs-

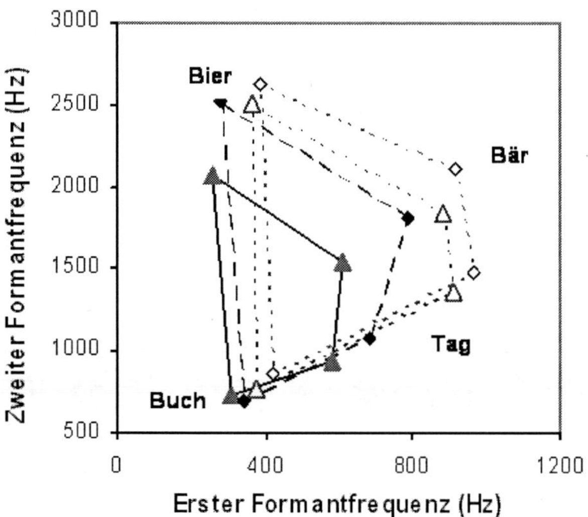

Abb. 4: Mittlere Frequenzbereiche des ersten und zweiten Formanten für die entsprechenden Vokale, artikuliert von Mädchen und Jungen (leere Karos und Dreiecke) sowie von erwachsenen Frauen und Männern (gefüllte Karos und Dreiecke) (Daten von White, 1997 [3])

tum der einzelnen Anteile der Ansatzräume ist im linken Diagramm als absolute Längenangaben in mm, im rechten Diagramm als prozentuale Angaben dargestellt. Sowohl die absoluten als auch die prozentualen Angaben zum Wachstum sind für den Rachen (Pharynx) wesentlich deutlicher ausgeprägt als für die anderen Anteile. Würden alle Anteile der Ansatzräume in gleichem Maß prozentual wachsen, wäre auch die prozentuale Erhöhung aller Formantfrequenzen gleich.

Da jedoch das Längenwachstum der einzelnen Anteile sehr unterschiedlich erfolgt, differieren auch die Formantfrequenzen bezüglich des Alters und zwischen den Geschlechtern für die verschiedenen Vokale. Es gilt ebenso zu beachten, dass die Wachstumsveränderungen der Ansatzräume auch Konsequenzen für die höheren Formanten haben. Daher ist eine Ursache für die Stimmklangunterschiede zwischen Kindern und Erwachsenen und zwischen Mädchen und Knaben in den unterschiedlichen Dimensionen der Ansatzräume zu finden.

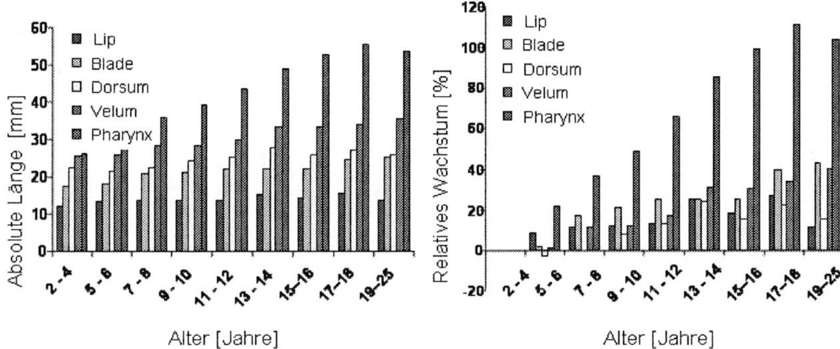

Abb. 5: Absolutes und relatives Wachstum der Dimensionen der Ansatzräume von 2 bis 4 Jahren bis zum Erwachsenenalter (nach Fitch & Giedd, 1999 [1]).

Die Stimmquelle kann dahingehend analysiert werden, ob der Einfluss der Formanten auf den abgestrahlten Klang kompensiert werden kann. Das ist mit inverser Filterung möglich, einem Verfahren, das den von der Mundöffnung abgestrahlten Klang mit einem Filter bearbeitet, der die umgekehrte Frequenzkurve der Ansatzräume beherrscht. Diese Analyse ergibt ein Fluß-Glottogramm, eine graphische Darstellung, die den transglottischen Luftstrom als eine Funktion der Zeit darstellt. Ein idealisiertes Fluß-Glottogramm wurde bereits in Abbildung 1 (oberer Teil) gezeigt. Das Fluß-Glottogramm repräsentiert den Klang, der in die Ansatzräume eingespeist wird. Daher können die akustischen Charakteristika, die von der Stimmquelle abgestrahlt werden, im Fluß-Glottogramm analysiert werden.

Die Stimmquelle kann in mindestens dreierlei Hinsicht variiert werden: Ein Aspekt ist die *Tonhöhe*, welche der Schwingungsfrequenz der Stimmlippen entspricht. Das physiologische Korrelat für Tonhöhenänderungen sind Länge und Steifigkeit der Stimmlippen. Der zweite Aspekt ist die *Lautstärke*, welche durch den unterschiedlichen Druck in der Trachea unterhalb der Stimmlippen (subglottischer Druck) erzeugt wird. Bei einer Zunahme der Stimmstärke verläuft die Kurve des Spektrums der Stimmquelle weniger steil. Anders ausgedrückt, wenn wir lauter sprechen oder singen, so werden die höheren Teiltöne im Spektrum mehr verstärkt als die tieferen Teiltöne. Der dritte

Aspekt ist die *Phonationsart*, die von behaucht oder hypofunktionell über normal bis zu gepresst oder hyperfunktionell reichen kann. Das hängt von der Kraft ab, mit der die Stimmlippen aneinander bewegt werden: von schwach bis stark. Die Form des Strömungsglottogramms kann in Abhängigkeit von dieser Variationsbreite von behaucht bis gepresst in seiner Form ebenso beträchtlich variieren (Abbildung 6).

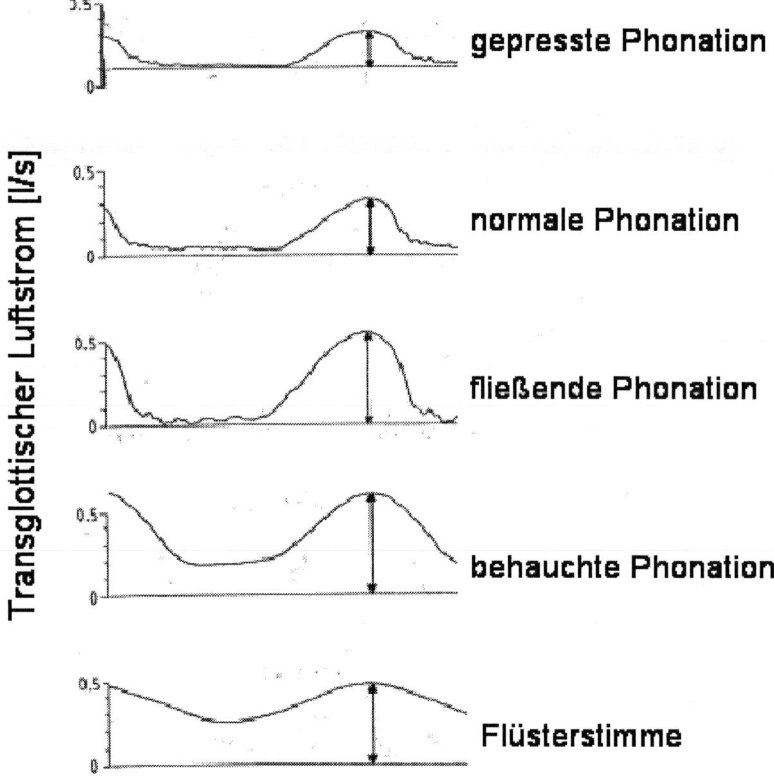

Abb. 6: Typische Fluß-Glottogramme für die angegebenen Phonationsarten, entsprechend dem unterschiedlichen Ausmaß des Stimmlippenschlusses.

Die Amplitude der Flusskurve wird durch verschiedene Faktoren beeinflusst. Einer ist der Stimmlippenschluss: je fester der Stimmlippenschluss umso geringer ist die Amplitude der Grundfrequenz. Ein zweiter Faktor ist der subglottische Druck: umso höher der Druck, desto größer die Amplitude der Flußkurve. Außerdem kann auch ein Einfluss der Stimmlippenlänge vermutet werden. Nehmen wir an, dass zwei Personen, eine mit kurzen und eine mit langen Stimmlippen, die gleiche Tonhöhe mit dem gleichen subglottischen Druck und mit dem gleichen Grad des Stimmlippenschlusses singen. Dann werden bei der Person mit den langen Stimmlippen eine längere Öffnungsphase der Stimmlippen und deswegen eine größere Amplitude der Fußkurve auftreten, als bei der Person mit den kurzen Stimmlippen.

Ein wichtiger akustischer Effekt dieser Variationen ist, dass er auch die Amplitude der Grundfrequenz des Spektrums der Stimmquelle beeinflusst. Auf diese Weise produzieren große Amplituden der Flusskurve eine starke Grundfrequenz, geringe Amplituden dagegen einen schwachen Grundton. Daraus folgt, dass bei einer hyperfunktionellen Phonation die Grundfrequenz im Spektrum schwach ist, während sie bei einer hypofunktionellen Phonationsart stärker wird. Diese Unterschiede können bis zu 10 dB oder 15 dB betragen.

Die Anatomie der Stimmlippen ändert sich natürlich mit dem Alter, bekanntlich sind die Stimmlippen bei Kindern kürzer als bei Erwachsenen. Das bedingt einerseits den allgemein bekannten Unterschied in der mittleren Sprechstimmlage. Zusätzlich ist der membranöse Anteil der Stimmlippen bei Erwachsenen im Vergleich zum knorpeligen Anteil größer, und auch die Struktur der Stimmlippen unterschiedet sich von denen der Kinder. Das führt auch zu Unterschieden der Vibrationsmuster. Diese Unterschiede können erklären, warum Kinder einen höheren subglottischen Druck benötigen als Erwachsene.

Ein anderer Unterschied zwischen Kinder- und Erwachsenenstimme kann hypothetisch auf der Grundlage anatomischer Differenzen der Stimmlippenlänge angenommen werden, die Hirano und Mitarbeiter 1983 ermittelt haben. Ihre Ergebnisse sind in Abbildung 7 in Bezug auf die Länge des membranösen Anteils der Stimmlippen dargestellt [2]. Zum Zeitpunkt der Geburt beträgt die Stimmlippenlänge bei Knaben und Mädchen fast 1 mm. Das anschließende Wachstum erfolgt nahezu linear bis etwa zum 20. Lebensjahr. Dennoch beläuft es sich auf nur 0,6 mm/Jahr bei Mädchen im Gegensatz zu etwa 1 mm/Jahr bei Knaben. Als eine Konsequenz tritt ein klarer Geschlechtsunterschied nach dem 10. Lebensjahr auf, wenn die durch-

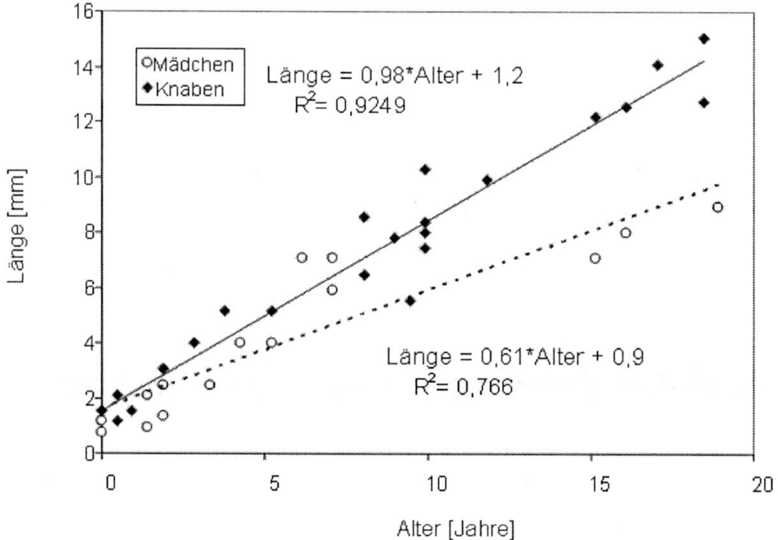

Abb. 7: Länge des membranösen Anteils der Stimmlippen. Untersuchungen von Hirano und Mitarbeiter (Hirano et al., 1983 [2])

schnittliche Stimmlippenlänge bei Mädchen 6 mm und bei Jungen ca. 8 mm beträgt. Im Alter von 15 Jahren liegen die entsprechenden Werte bei 8 mm bzw. 12 mm.

Diese Unterschiede lassen erwarten, dass Mädchen Fluß-Glottogramme mit einer kleineren Amplitude produzieren als Jungen. Derartige Beobachtungen fanden sich in Untersuchungen der Stimmquelle von 10jährigen Mädchen und Jungen von White (2000) [4]. Daher müsste die Grundfrequenz bei Knabenstimmen dominanter sein als bei Mädchenstimmen. Dieser Unterschied müsste aber durch einen anderen Stimmlippenschluss ausgeglichen werden. Wenn also Mädchen mit einem geringeren Stimmlippenschluss als Jungen singen, könnte der Unterschied der Amplituden der Flussdiagramme geringer werden oder ganz verschwinden. Hierzu müssen weitere Untersuchungen durchgeführt werden.

Zusammenfassung

Stimmklangunterschiede entstehen durch zwei Faktoren: Der Stimmquelle im Bereich der Glottis und den Resonanz-Frequenzen der Ansatzräume (d.h. den Formant-Frequenzen). Die akustischen Charakteristika beider Faktoren hängen somit vom individuellen anatomischen Aufbau des Stimmapparates ab. Daher haben die anatomischen Unterschiede zwischen Mädchen und Jungen und zwischen erwachsenen Frauen und Männern Effekte auf den Stimmklang. Unterschiede in der Länge der Stimmlippen und in deren feingeweblicher Struktur sind für Unterschiede der Stimmquelle verantwortlich. Darum produzieren bei gleichem subglottischen Druck und gleichem Stimmlippenschluss Mädchen einen schwächeren Grundton als Jungen. Das unterschiedliche Wachstum der Ansatzraumlänge verursacht ferner vokalabhängige Unterschiede der Formantfrequenzen. Schließlich beeinflussen die organischen Unterschiede auch den dritten und die höheren Formanten und damit die Charakteristik des Stimmklangs.

Übersetzung aus dem Englischen: Michael Fuchs

Literaturangaben

[1] Fitch WT, Giedd J. Morphology and development of the human vocal tract: a study using magnetic resonance imaging. J Acoust Soc Am. 1999;106:1511-1522.

[2] Hirano M, Kurita S, Nakashima T (1983) Growth development and aging of the vocal folds, in D Bless and JH Abbs eds, Vocal Fold Physiology: Contemporary Research and Clinical Issues, San Diego: College Hill Press, 22-43

[3] White P (1997) Acoustic and Aerodynamic Measurements of Children's Voices, doctoral dissertation, Roehampton Institute, University of Surrey, London.

[4] White P (2000) Voice source and formant frequencies in 11-year-old girls and boys, in P White, ed. Child Voice, KTH Voice Research Centre, 13-26.

Typische Erkrankungen der Ansatzräume des Stimmapparates im Kindes- und Jugendalter und deren Behandlung

Michael Fuchs, Sylvia Meuret

Akute und chronische Erkrankungen der so genannten Ansatzräume des Stimmapparates bei Kindern und Jugendlichen treten relativ häufig auf und können die stimmliche Leistungsfähigkeit und Qualität negativ beeinflussen. Die Ansatzräume bilden den oberen Anteil des Stimmapparates. Daran schließen sich der Kehlkopf (insbesondere die Stimmlippen) als „Tongenerator" und die unteren Atemwege einschließlich der Lunge als „Kompressor" an. Ferner sind zentrales Nervensystem (Gehirn) und periphere Nerven sowie das Hörorgan für die zentrale und auditive Steuerung der Stimmfunktion zu nennen (Abb. 1).

Der Begriff „Ansatzräume" ist dem Instrumentenbau entliehen, wo zum Beispiel die Orgelpfeife als Ansatzrohr bezeichnet wird. Ihre Aufgabe besteht in der „resonatorischen Überformung" des Tones, der im Kehlkopf bzw. im Zungenwerk der Orgelpfeife entsteht, so dass dieser klangschön und tragfähig wird. Sie haben daher eine wichtige Funktion für die Effizienz des Stimmapparates und die Qualität der Sing- und Sprechstimme. Weiterhin realisieren die Organe der Ansatzräume beim Menschen die Artikulation von Vokalen und Konsonanten und sind außerdem Teil unseres Atem- und Schlucksystems. Diese „Multifunktionalität" führt bei Erkrankungen nicht selten zur für den Patienten belastenden Beeinträchtigung mehrerer Funktionen. Andererseits können auch junge Sänger und Sängerinnen durch das Training dieses Teiles ihres Stimmapparates die größten Effekte auf Stimmqualität und -leistungsfähigkeit erreichen. Daher erscheint es sinnvoll, Erkrankungen der Ansatzräume in dieser Altersgruppe aus medizinischer Sicht in einer Übersicht zu präsentieren. Damit soll es den Gesangspädagogen und nicht-medizinischen Disziplinen ermöglicht werden, entsprechende Symptome zu erkennen und die Auswirkungen auf die Sprech- und Singstimme zu verstehen, um gegebenenfalls eine ärztliche Untersuchung zu empfehlen. Bei einigen chronischen oder

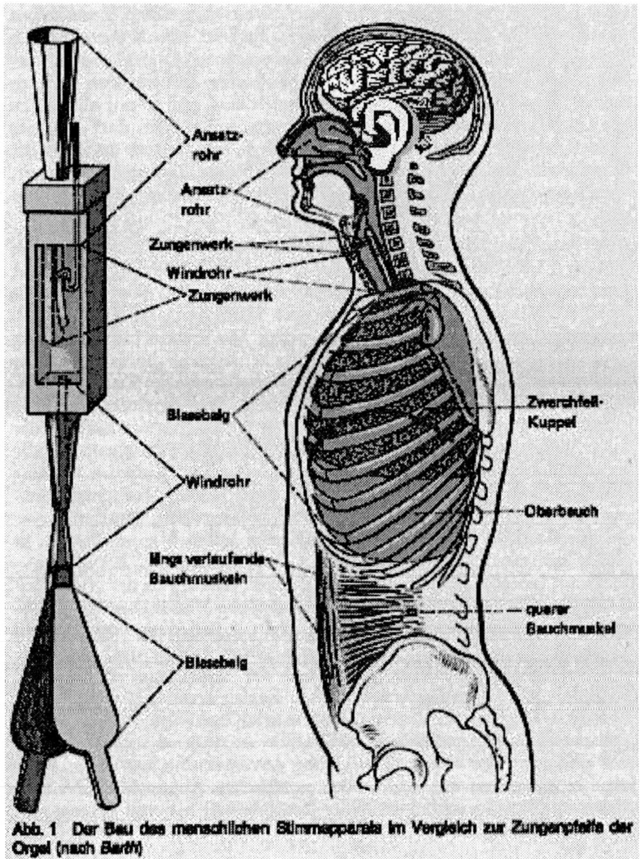

Abb. 1: Vergleich des menschlichen Stimmapparates mit dem Aufbau einer Orgel - modifiziert nach Barth

langfristigen Krankheitszuständen, wie beispielsweise bei Allergien der oberen und unteren Luftwege, kann die Kenntnis der Pathomechanismen und der aktuellen therapeutischen Möglichkeiten helfen, diese Defizite gesangspädagogisch oder logopädisch sowie mit Hinweisen zur Stimmhygiene zumindest teilweise zu kompensieren und damit auch solchen jungen Patienten eine erhöhte stimmliche Aktivität zu ermöglichen.

Organstrukturen der Ansatzräume

Die Ansatzräume beginnen mit der Nase, den beiden durch die Nasenscheidewand getrennten Nasenhaupthöhlen und den Nasennebenhöhlen. Dazu zählen die Siebbeinzellen, die Kieferhöhlen, die Stirnhöhlen und die Keilbeinhöhle. Diese im gesunden Zustand mit dünner Schleimhaut ausgekleideten und luftgefüllten Höhlenräume haben für die Klangbildung der Stimme Relevanz, da sie als Resonanzraum fungieren (Abb. 2 - hellgrün).

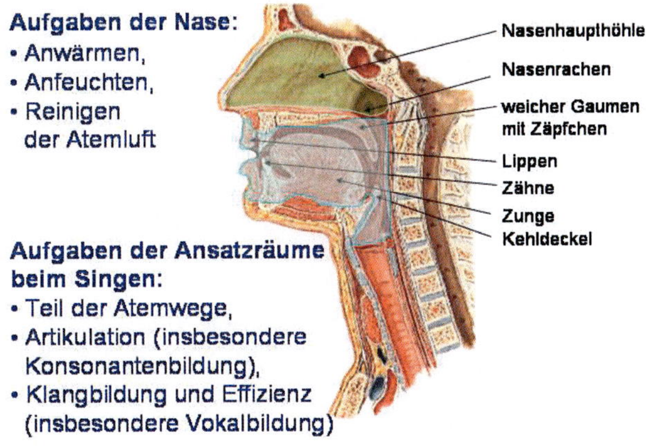

Abb. 2: Aufbau und Funktionen der Ansatzräume beim Singen und Sprechen - Übersicht unter Verwendung einer Abbildung aus: F. H. Netter: Interaktiver Atlas der Anatomie des Menschen. Novartis 1999.

Auf dem Weg durch die Nase wird die Einatemluft gereinigt, angewärmt und angefeuchtet (Konditionierung der Atemluft). Im Idealfall strömt die Luft laminar und ungehindert vorbei an den Nasenmuscheln in den Nasenrachen und von dort weiter nach unten durch den Kehlkopf in die unteren Luftwege. Nach hinten werden die Nasenhaupthöhlen vom Nasenrachen begrenzt, von dem aus die Ohrtrompeten als röhrenförmige Verbindungen in beide Mittelohren abgehen und für deren Belüftung sorgen. Als nächste Strukturen folgen die Mundhöhle und der Mundrachen (Abb. 2 - hellblau). Hier finden sich die für die Artikulation wichtigen Lippen, die Zähne im Ober- und Unterkiefer, die Zunge und der harte und weiche Gaumen mit den vorderen und hinteren Gaumenbögen, zwischen denen die Gaumenmandeln liegen. Die Zunge besteht fast ausschließlich aus Muskeln, die ihr eine enorme Beweglichkeit ermöglichen. Den Abschluss nach hinten oben, in Richtung Nasenrachen bildet das Gaumensegel, welches sich beim Schlucken aufwärts und zur Rachenhinterwand bewegt und damit ein Verschlucken durch die Nase verhindert. Die Spannungsfunktion mit einer leichten Anhebung des Gaumensegels wird auch für die Klangbildung beim Singen benötigt.

Der Zungengrund setzt sich weiter nach unten fort und geht schließlich mittig in den Kehldeckel über, während der Rachen rechts und links des Kehlkopfes Vertiefungen ausbildet (Recessus piriformes). Der komplizierte Aufbau ist den vielen verschiedenen Aufgaben beim Atmen, Sprechen, Singen und Schlucken geschuldet. Für die Bildung der Konsonanten wirken insbesondere die flexibleren Anteile (Abb. 2 - hellblau) wie Lippen, Kiefer, Zunge und weicher Gaumen zusammen. Für die Entstehung der Vokale sind die Mundöffnung, die Zungenstellung und die Weite des Rachens von Bedeutung. Diese Komponenten und die Position des Kehldeckels kann man beim Singen zusätzlich dafür nutzen, den Ton tragfähig und effizient werden zu lassen.

Ein wichtiger Organanteil der Ansatzräume ist weiterhin der so genannte Waldeyer'sche Rachenring, eine Bezeichnung für das lymphatische Gewebe, zu dem auch die Gaumenmandeln (Tonsilla palatina) und die Rachenmandeln (Tonsilla pharyngea = Adenoide) zählen. Außerdem findet sich aber auch Gewebe mit der Hauptaufgabe der Infektabwehr und damit dem Schutz der unteren Atemwege im Zungengrund und an den Eingängen zu den Ohrtrompeten. Das Gewebe erreicht durch einen zerklüfteten Aufbau mit tiefen Krypten und Falten eine Oberflächenvergrößerung, die eine große Kontaktfläche mit den eindringenden Erregern ermöglicht.

Typische Erkrankungen im Kindesalter

Die wohl häufigsten Erkrankungen dieser Altersgruppe sind Erkältungsinfekte der oberen Luftwege, bei denen die Frage auftritt, ob das Singen trotzdem möglich oder schädlich sei. Je jünger ein Kind ist, desto weniger „Erfahrungen“ hat sein Immunsystem bereits mit

Erregern machen können (so genanntes „naives Immunsystem"). Gerade bei einem neuen Kontakt mit Erregern (zum Beispiel die ersten Wochen im Kindergarten oder in der Schule, aber auch in einer Chorgemeinschaft) kann es daher zu Häufungen von akuten Infekten der oberen (und unteren) Luftwege kommen, die das Singen immer wieder behindern. Bei außergewöhnlich häufigen Infekten ist die Führung eines Infektkalenders empfehlenswert, in dem die Eltern Art, Dauer und ggf. Fieber dokumentieren, um auch im Verlauf eines halben oder ganzen Jahres nachvollziehbare Informationen zu erhalten. Gegebenenfalls muss eine ausführliche kinderärztliche Ursachensuche erfolgen. Ernsthafte und behandlungsbedürftige Immundefekte sind aber mit etwa 1% im Kindesalter sehr selten. Im Zweifelsfall sollte bei einem Infekt mit Schnupfen, Husten und Heiserkeit von einer Stimmbelastung abgeraten werden. Das gilt insbesondere, wenn Stimmklangveränderungen (Rauhigkeit, Behauchtheit, Instabilität, Anstrengung) wahrnehmbar sind. Bei längerfristigen Einschränkungen sollte der HNO-Facharzt oder der Facharzt für Phoniatrie und Pädaudiologie konsultiert werden, da - wie auch im Erwachsenenalter - eine erhöhte Stimmbelastung während eines Infektes zu längerfristigen Stimmstörungen führen kann.

Eine typische Stimmklangveränderung durch Veränderungen in den Ansatzräumen im Kindesalter ist das Näseln, eine krankhafte Veränderung des Stimmklangs, die verschiedene Ursachen haben kann. Man unterscheidet zwischen geschlossenem und offenem Näseln sowie einer gemischten Form.

Beim geschlossenen Näseln führt oftmals ein Atemhindernis im vorderen oder hinteren Nasenbereich zu einem dumpfen und verstopften Stimmklang. Bei Kindern ist die häufigste Ursache für ein solches Hindernis eine vergrößerte Rachenmandel, die auch als „Polypen" oder „adenoide Vegetationen" bezeichnet wird und weltweit etwa ein Fünftel aller Kinder unter 6 Jahren betrifft. Diese Kinder können folgende weitere Symptome zeigen: häufiges Atmen durch geöffneten Mund, Schnarchen, Schlafstörungen, Gedeihstörungen, häufige Infekte der oberen Luftwege und häufige Paukenergüsse (Schleimbildung in der Paukenhöhle des Mittelohres) mit Hörstörungen. Die vergrößerte Rachenmandel kann operativ in Narkose entfernt werden, wobei dieser Eingriff („Adenotomie") meist ambulant oder in 2 bis 3 Tagen stationär durchgeführt wird und keine äußeren Narben hinterlässt.

Weitere mögliche Ursachen der Behinderung einer freien Nasenatmung sind Schwellungen der Nasenschleimhaut, beispielsweise bei einer Allergie (hierauf wird weiter unten ausführlich eingegangen), Schleimhautpolypen, Verbiegungen der Nasenscheidewand oder auch (im Kindesalter seltene) Tumoren der Nase oder der Nasennebenhöhlen. Das geschlossene Näseln kann aber auch durch falsche Sprechgewohnheiten als so genanntes funktionelles geschlossenes Näseln auftreten, ohne dass ein Atemhindernis im Nasenbereich vorliegt. Hier kommen als Therapie ein Training der Beweglichkeit von Lippen, Kiefer, Gaumen und Zunge und spezielle Nasalitätsübungen zur Anwendung.

Beim offenen Näseln kommt es durch einen unvollständigen Abschluss des Gaumensegels mit der Rachenhinterwand beim Sprechen zu einem begleitenden Luftstrom durch die Nase und zu einem vermehrten Mitschwingen der Strukturen oberhalb des Gaumens. Ursache für das offene Näseln kann eine angeborene Verkürzung des Gaumensegels oder angeborene oder erworbene Lähmungen des Gaumensegels sein. Letztere sind manchmal auch mit Funktionsstörungen anderer Nerven verbunden. Als zusätzliches Symptom bei Lähmungen kann beispielsweise das Austreten von Flüssigkeit und Speisebrei aus der Nase beim Schlucken auftreten. Bei diesen Erkrankungen wird in der Regel zunächst eine Übungstherapie angewandt. Zeigt diese keinen ausreichenden Erfolg, kann mit plastischen Operationen die Funktion des Gaumensegels verbessert werden.

Eine bei Kindern häufige weitere Ursache für das offene Näseln sind Spalterkrankungen. Unter den angeborene Fehlbildungen der Organstrukturen der Ansatzräume sind die Spaltbildungen der Lippen, des Kiefers und des Gaumens in ihren verschiedenen Ausprägungsgraden mit etwa 1: 500 Geburten in der weißen Bevölkerung am häufigsten und werden in bis zu 40% der Fälle vererbt. Durch eine frühzeitige Diagnostik und interdisziplinäre Therapie, die federführend von den Mund-, Kiefer-, Gesichtschirurgen durchgeführt wird und in die auch die Phoniater und Pädaudiologen involviert sind, können dauerhafte und gravierende Auswirkungen auf den Stimmklang und die Artikulation heute weitgehend vermieden werden [5]. In der Literatur werden Stimmveränderungen durchschnittlich mit etwa 12% angegeben, in 9% der Fälle fanden die Autoren eine funktionelle Stimmstörung infolge der Spalterkrankung. Bei zwei Dritteln der Kinder mit einer Dysphonie bestanden längerfristige Schallleitungsschwerhörigkeiten durch die behinderte Belüftung des Mittelohrs [6]. Kinder mit Spalterkrankungen haben trotz der frühzeitigen operativen Versorgung häufig derartige Hörminderungen, die sich auf die Sprachentwicklung, aber auch auf die auditive Kontrolle der Stimmfunktion auswirken können. Diese müssen ab einem gewissen Ausprägungsgrad operativ behandelt werden, in dem Paukendrainagen in das Trommelfell eingesetzt werden. In den meisten Fällen bildet sich das Problem während der Pubertät vollständig zurück. Vernarbungen können aber gerade in den Ansatzräumen zu einer zusätzlich eingeschränkten Sensibilität führen, die die kinästhetische Kontrolle der Stimmgebung beeinträchtigt.

Schließlich kann ein offenes Näseln auch als Komplikation bestimmter Operationen im Mundbereich auftreten. Bei Kindern sind hier vor allem die Entfernung der Rachen- und der Gaumenmandeln zu nennen, bei denen selten unerwünschte Vernarbungen zu Funktionseinschränkungen des Gaumensegels führen. Auch beim offenen Näseln gibt es eine so genannte funktionelle Form, bei der keine organischen Veränderungen sichtbar sind. Es handelt sich dabei zumeist um vorübergehende Bewegungseinschränkungen des Gaumensegels, zum Beispiel im Rahmen von Entzündungen mit Schluckbeschwerden.

Typische Probleme bei Jugendlichen und jungen Erwachsenen

Im Jugend- und jungen Erwachsenenalter fokussieren sich die Auswirkungen auf die Stimmfunktion auf zwei chronische Erkrankungen: Nasenatmungsbehinderungen, die zu rezidivierenden und chronischen Entzündungen der Nasennebenhöhlen führen, und rezidivierende Entzündungen der Gaumenmandeln (die ebenfalls häufigen Allergien werden im folgenden Abschnitt separat behandelt).

Der Ausgangspunkt für Nasennebenhöhlenentzündungen sind häufig Belüftungsstörungen durch eine behinderte Nasenatmung. Auch kommen wieder Nasenscheidewandverbiegungen, Schleimhautschwellungen oder angeborene enge anatomische Verhältnisse mit unzureichend weiten Zugängen in Frage. In einer Art Teufelskreis kommt es dadurch zu einer Behinderung der Drainage und einem Sekretstau, der das

Epithel und insbesondere die Zilien (kleine oberflächliche Härchen, die den Schleim aktiv transportieren können) schädigt. Dadurch siedeln sich Keime an, die ihrerseits die Entzündung unterhalten und zu einer weiteren Schleimhautschwellung führen. Das Resultat sind eine eingeschränkte resonatorische Funktion beim Singen („Singen wie durch einen Vorhang") und eine permanente Schleimabsonderung mit Ausbreitung der chronischen Infektion über den Rachen bis zum Kehlkopf („Abrinngefühl im Rachen"). Während am Beginn der Erkrankung konservative Behandlungsmaßnahmen greifen können und insbesondere die Ursache der initialen Schleimhautschwellung untersucht und behandelt werden sollte, ist im fortgeschrittenen Stadium oft die operative Therapie die einzige auch langfristig Erfolg versprechende Option. Im Rahmen einer sehr funktionell orientierten, schonenden Operationstechnik in Vollnarkose wird mit speziellen Instrumenten durch die Nasenlöcher die überschießende Schleimhaut (so genannte Polypen) abgetragen und gleichzeitig die anatomischen Verhältnisse erweitert. Dadurch wird eine dauerhaft verbesserte Belüftung der Nasennebenhöhlen gewährleistet. Anschließend ist eine längerfristige kontinuierliche Nasenpflege mit Spülungen erforderlich. Damit lässt sich sehr häufig eine Verbesserung der Leistungsfähigkeit und Qualität der Singstimme erreichen.

Ein zweites chronisches Krankheitsbild in dieser Altersgruppe sind Entzündungen der Gaumenmandeln (chronische Tonsillitis). Häufig verlaufen diese Entzündungen in mehreren akuten, fieberhaften Schüben im Jahr, die mit Antibiotika behandelt werden müssen. In diesen Phasen ist aufgrund der Schwellung, der Schmerzen und der Einschränkung des Allgemeinbefindens meistens über einige oder mehrere Wochen keine Singfähigkeit gegeben, so dass gerade bei jungen Gesangsschülern oder -studenten ungünstige Ausfallzeiten im Schul- bzw. Studienjahr resultieren. Bei einer Häufigkeit von 4-6 akuten Tonsillitiden im Jahr sollte eine operative Entfernung der Mandeln erfolgen. Studien bei Erwachsenen haben nachweisen können, dass bei einer sorgfältigen Operationstechnik in den Händen eines erfahrenen HNO-Chirurgen keine oder keine wesentlichen Nachteile für die Klangbildung bei Sängerinnen und Sängern durch Vernarbungen in den Ansatzräumen zu befürchten sind [1,4]. Wahrscheinlich lassen sich diese Ergebnisse auch auf Kinder und Jugendliche übertragen [8].

Beiden chronischen Erkrankungen – den Nasennebenhöhlenentzündungen und den Mandelentzündungen – ist gemein, dass außerdem die Erreger (typischerweise) permanent in die Blutbahn gestreut werden und so auch an anderen Organen (Haut, Gelenke, Nieren, Herz) zu entzündlichen Veränderungen führen können. Besteht der klinische Verdacht auf eine solche „Fokussymptomatik", ist das ein Grund mehr, sich für die Operation zu entscheiden.

Allergie bei Kindern

Eine Allergie ist definiert als eine überschießende, unerwünschte spezifische Immunreaktion auf normalerweise harmlose Umweltstoffe (Allergene). Insgesamt handelt es sich um ein multifaktorielles Geschehen, das sich auch in unterschiedlichen Krankheitsbildern ausdrücken kann (Abb. 3).

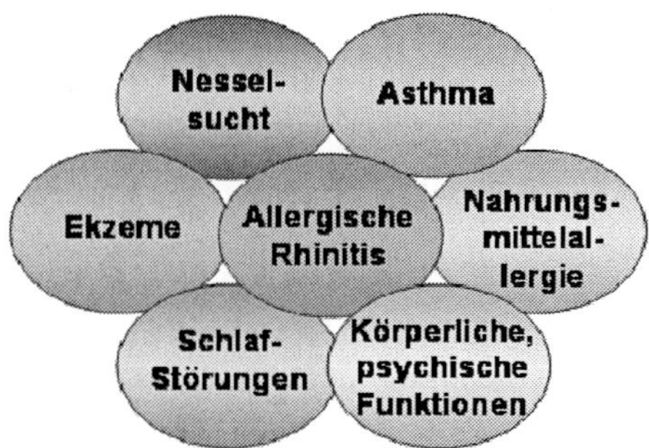

Abb. 3: Übersicht über allergische Erkrankungen

Weltweit tritt bei 14% aller Kinder ein allergischer Schnupfen auf [7]. Deutschland liegt hierbei im Mittelfeld: 12% aller Kinder leiden unter Heuschnupfen. Längsschnitt-Untersuchungen haben auch aufgezeigt, dass innerhalb der letzten Jahre die Erkrankungsrate stetig gestiegen ist. Bis dato haben sich zwei Erkrankungsgipfel herauskristallisiert: Im Verlauf des 7. Lebensjahres sowie zum Ende des 3. Lebensjahrzehntes.

Des Weiteren ist bei den betroffenen Personen häufig die Familiengeschichte positiv, was bedeutet, dass Kinder von Allergikern eine sehr viel höhere Erkrankungswahrscheinlichkeit aufweisen. In der Zusammenschau der epidemiologischen Daten bilden jedoch die allergischen Kinder nicht-allergischer Eltern die höchste Anzahl [2].

Die Einteilung der allergischen Erkrankungen erfolgt nach dem pathomechanischen Prinzip in vier verschiedene Untergruppen, wobei der allergische Schnupfen – wie auch das allergische Asthma – in den Bereich der Sofort-Typ-Allergien (Typ I Allergien) gehört. Diesen Allergien ist gemeinsam, dass eine Sensibilisierung erfolgen muss. Das bedeutet, dass zunächst der Betroffene mit dem auslösenden Allergen in Kontakt kommt, ohne dass Krankheitszeichen auftreten (Abb. 4, Bild a). Im weiteren Verlauf werden im Blut spezifische Antikörper gebildet (Abb. 4, Bild b), die sich an eine immunkompetente Zelle, die Mastzelle, binden (Abb. 4, Bild c). Falls es zu einem erneuten Allergenkontakt kommt (Abb. 4, Bild d), entleert sich die Mastzelle (Abb. 4, Bild e). Unter anderem kontrahiert sich dann die glatte Muskulatur (was z.B. zu einem Asthmaanfall führen kann), und örtliche Schwellungen treten auf (z.B. Nasenatmungsbehinderung).

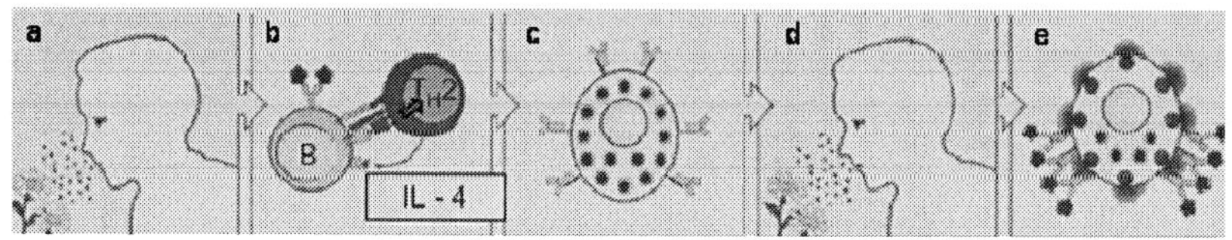

Abb. 4: Pathomechanismus der Sofort-Typ-Allergie

Die Einteilung der Sofort-Typ-Allergien erfolgt klassischerweise in saisonale (z.B. Frühblüherallergie), ganzjährige (z.B. Hausstaubmilbenallergie) und berufliche Allergien (z.B. Tierhaarallergie). Zur exakteren Beschreibung der Symptomatik führte die WHO eine neue Klassifikation ein: Die so genannte ARIA-Klassifikation. Es wird weiterhin die dauerhafte (persistierende) von der kürzer auftretenden (intermittierenden) Allergie unterschieden. Die Einbeziehung der Beeinträchtigung der Lebensqualität stellt jedoch eine Neuerung dar.

In Mitteleuropa lösen folgende Umweltstoffe am häufigsten den allergischen Schnupfen aus:

saisonal:

- frühblühende Bäume (u.a. Hasel, Birke, Erle)
- Gräser und Getreide (u.a. Roggen)

ganzjährig:

- Hausstaubmilben
- Tierhaare (u.a. Katzenhaare)

Für die saisonalen Allergene gibt es den so genannten Pollenflugkalender (Abb.5).

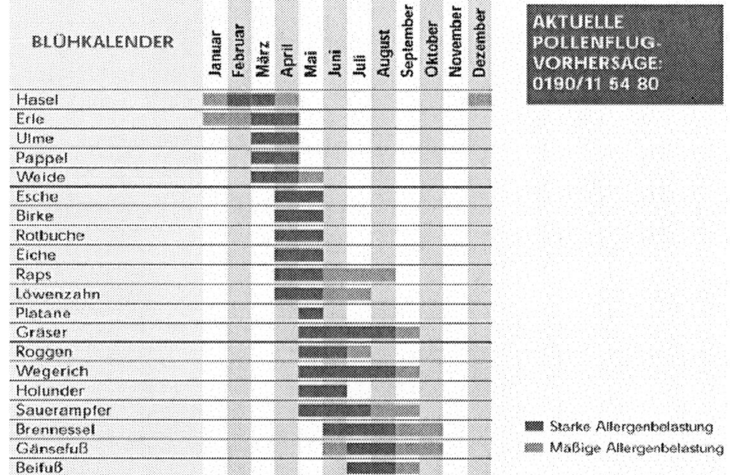

Abb. 5: Pollenflugkalender

Gerade bei den saisonalen Allergien kann es im Verlauf der Erkrankung zu Kreuzallergien und damit zu dem so genannten „oralen Allergiesyndrom" kommen. Das bedeutet, dass Pollenallergiker auf spezielle Nahrungsmittel allergisch reagieren können. Die bekannteste Kombination ist die Kreuzallergie zwischen Birke, Kernobst, Steinobst, Karotte und Sellerie.

Zu den häufigsten Symptomen eines allergischen Schnupfens gehören:

- Fließschnupfen und Nießattacken
- Mundatmung bei Nasenatmungsbehinderung
- Jucken von Augen, Nase, Gaumen

Zur Diagnostik einer Allergie gehört vor allem eine genaue Anamnese des Patienten [3]. Darin sollte nicht nur nach dem Auftreten von Krankheitszeichen gefragt werden, sondern auch nach Freizeitgewohnheiten und Auftreten von Allergien bei engen Verwandten. Falls dabei nur ungenaue Angaben zu erheben sind, kann auch ein Patiententagebuch ausgegeben werden, in dem der Betroffene über einen definierten Zeitraum seine Beschwerden sowie das zeitliche Auftreten von Symptomen aufzeichnen sollte.

In der HNO-ärztlichen Untersuchung werden dann neben allgemeinen Zeichen für allergische Erkrankungen (z.B. Ekzeme) die Nase, die Nasennebenhöhlen sowie der Rachen inspiziert. Falls sich der Verdacht auf eine Soforttyp-Allergie ergibt, erfolgt dann eine Hauttestung. Der am häufigsten durchgeführte Test ist hierbei der „Prick-Test“. Nach Aufbringen der wässrigen Allergene auf die Innenseite der Unterarme, wird mit Hilfe einer Lanzette die oberste Hautschicht durchstoßen. Nach 20 Minuten wird die Reaktion der Haut abgelesen (Abb. 6).

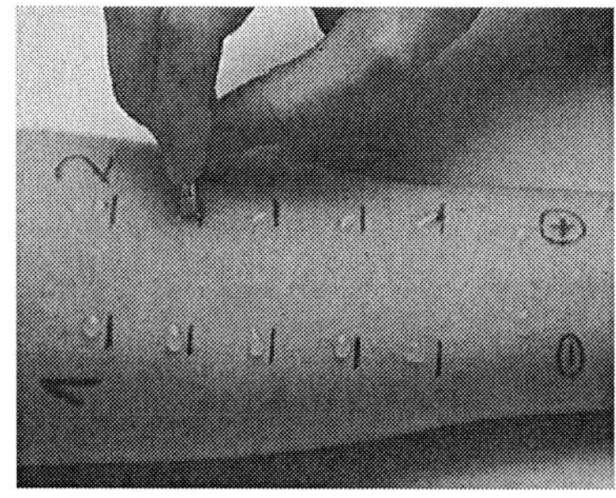

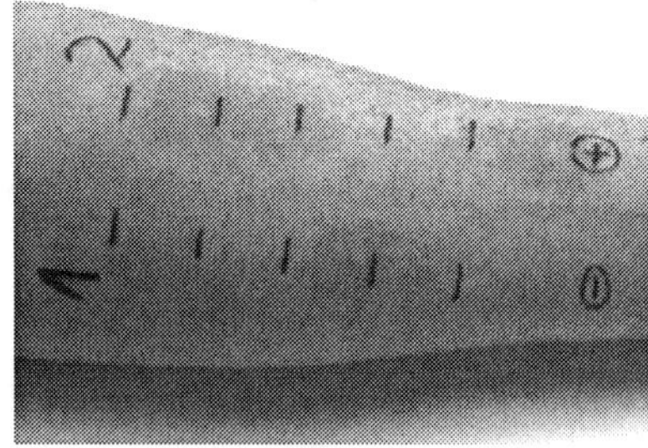

Abb. 6: Hauttest zur Allergiediagnostik (Prick-Test), links: zu Beginn der Testung; rechts: beim Ablesen der Reaktion am Ende der Testung

Durch eine Blutentnahme (z.B. dem RAST-Test) können spezifische Antikörper gegen Allergene ermittelt werden. Die Bestimmung ist bereits bei bis zu 500 Allergenen möglich.

Wenn durch diese Untersuchungen keine eindeutigen Ergebnisse zu ermitteln sind, kann noch eine Provokationstestung erfolgen. Hierbei wird die Allergenlösung direkt auf die Schwellkörper der Nasen aufgetragen und die Reaktionen der Nasenschleimhaut nach unterschiedlichen Zeitabständen gemessen.

Die Therapie des allergischen Schnupfens besteht aus drei verschiedenen Säulen [6]:

1. Allergenkarenz:
   Primäre Prävention (keine Sensibilisierung)
   Sekundäre Prävention (Allergenmeidung)

2. Arzneimitteltherapie (Therapie der Krankheitszeichen)

3. spezifische Immuntherapie/Hyposensibilisierung (Therapie der Allergie)

Zusammenfassung

Auch im Kindes- und Jugendalter können Erkrankungen der Ansatzräume zu Einschränkungen der Qualität und Leistungsfähigkeit der Singstimme führen. Da die meisten Erkrankungen einen schleichenden Beginn aufweisen und nicht gleich bemerkt werden, könnte eine stimmliche Problematik in der Stimmbildung oder im Gesangsunterricht als erstes Symptom auf das Vorliegen einer solchen Erkrankung hinweisen. Im Zweifelsfalle sollte den Eltern eine Konsultation beim Facharzt für HNO-Heilkunde oder für Phoniatrie und Pädaudiologie empfohlen werden. Dabei ist auch immer der enge organische und funktionelle Zusammenhang zwischen den Ansatzräumen und dem Mittelohr (Tubenbelüftung) zu bedenken.

Literaturangaben

[1] Behrman A, Shikowitz MJ, Dailey S. The effect of upper airway surgery on voice. Otolaryngol Head Neck Surg. 2002; 127: 36-42.

[2] Bergmann RL, Bergmann KE, Lau-Schadensdorf S, Luck W, Dannemann A, Bauer CP, Dorsch W, Forster J, Schmidt E, Schulz J. Atopic diseases in infancy. The german multicenter atopy study (MAS 90). Pediatr Allergy Immunol 1994; 5: 19-25

[3] Bernstein IL, Storms WW. Practice parameters for allergy diagnostic testing. Ann Allergy 1995; 75: 553- 625

[4] Chuma AV, Cacace AT, Rosen R, Feustel P, Koltaii PJ. Effects of tonsillectomy and/or adenoidectomy on vocal function: laryngeal, supralaryngeal and perceptual characteristics. Int J Pediatr Otorhinolaryngol. 1999; 47: 1-9

[5] Hemprich A, Frerich B, Hierl T, Dannhauer KH. The functionally based Leipzig concept for the treatment of patients with cleft lip, alveolus and palate. J Craniomaxillofac Surg. 2006; 34 Suppl 2: 22-25

[6] Hocevar-Boltezar I, Jarc A, Kozelj V. Ear, nose and voice problems in children with orofacial clefts. J Laryngol Otol. 2006; 120: 276-281.

[7] Strachan D, Sibbald B, Weiland S, Aït-Khaled N, Anabwani G, Anderson HR, Asher MI, Beasley R, Björkstén B, Burr M, Clayton T, Crane J, Ellwood P, Keil U, Lai C, Mallol J, Martinez F, Mitchell E, Montefort S, Pearce N, Robertson C, Shah J, Stewart A, von Mutius E, Williams H. Worldwide variations in prevalence of symptoms of allergic rhinoconjunctivitis in children: the International Pediatr Allergy Immunol. 1997; 8: 161-176.

[8] Mora R, Crippa B, Dellepiane M, Jankowska B. Effects of adenotonsillectomy on speech spectrum in children. Int J Pediatr Otorhinolaryngol. 2007; 71: 1299-1304.

[9] Schmidt S. Primärprävention von Allergien bei Kindern und Jugendlichen. Stellungnahme der Gesellschaft für Pädiatrische Allergologie und Umweltmedizin e.V. (GPA). Pädiatrische Allergologie 2003; 1: 6-14

Neue Erkenntnisse zu Tonhöhenumfängen und Registern bei Kindern

Berit Schneider, Michaela Zumtobel, Bergitta Aichstill, Walter Prettenhofer, Severin Teschner, Werner Jocher

Hintergrund

Heiserkeit im Kindesalter wurde einige Zeit als harmlos und selbst limitierend angesehen. Lange Zeit ging man davon aus, dass kindliche Stimmstörungen mit den Stimmveränderungen in der Mutation vergehen würden. Immer häufiger werden jedoch in der klinischen Praxis Stimmstörungen beobachtet, deren Anamnese bis in die Kindheit und Jugend zurückreicht. Verschiedene individuelle und gesellschaftliche Ursachen werden dafür verantwortlich gemacht. Mangelnde sprachliche, stimmliche und musikalische Förderungen werden ebenso als ursächlich diskutiert, wie auch die Beeinflussung der Kinder durch veränderte Musikhörgewohnheiten, Computerspiele, Fernsehen, Mobiltelefone und andere Kommunikationsmedien.

Auf der Suche nach den Ursachen für die stetig zunehmende Anzahl von Kommunikationsstörungen in der modernen Dienstleistungsgesellschaft wurde in den vergangenen Jahrzehnten immer wieder die Frage aufgeworfen, welche Bedeutung mangelnde stimmliche Anregung bzw. Förderung in der Kindheit haben und welche pädagogischen Konsequenzen für das Singen und Musizieren mit Kindern zu ziehen sind. Aus diesem Grunde standen die stimmkonstitutionellen, musischen und sängerischen Fähigkeiten „stimmgesunder" Kinder unterschiedlicher gesellschaftlicher Herkunft im Mittelpunkt der vorliegenden Studie.

Gefördert durch: Europäischen Fonds für Regionalentwicklung (Interreg. III A Programm Österreich-Ungarn), sowie Bund und Land Burgenland

Ziel der Studie

Ziel der vorliegenden Studie war es, den Vorgaben des Interreg IIIA-Projektes entsprechend, grenzüberschreitende Untersuchungen zu Stimmkonstitution und stimmlicher Leistung von österreichischen und ungarischen Kindern (Altersgruppe 8-10 Jahre) durchzuführen. Dabei wurde insbesondere der Einfluss sängerisch-musischer Früherziehung auf musische Grundfertigkeiten und stimmliche Fertigkeiten untersucht.

Probanden und Untersuchungen

Probanden

Es wurden insgesamt 206 Kinder aus der Altersgruppe der 8 bis 10-Jährigen untersucht. Sie besuchten Volksschulen in Österreich und Ungarn, größtenteils im städtischen (Eisenstadt und Györ), als auch ländlichen Bereich (Großhöflein bei Eisenstadt). Es wurden Volksschulkinder mit musischem Schwerpunkt (stimmlich und instrumental) Volksschulkindern ohne schulischen Schwerpunkt Musik gegenübergestellt.

Die Zugehörigkeit zu den jeweiligen Gruppen ist in Tabelle 1 dargestellt.

Gruppen	Gruppe 1	Gruppe 2	Gruppe 3	Gruppe 4	Gruppe 5
Beschreibung	Volksschule (Österreich) mit städtischem Einzugsgebiet ohne Schwerpunkt der musikalischen Früherziehung	Volksschule (Ungarn) mit städtischem Einzugsgebiet und musikalischem Schwerpunkt	Volksschule (Österreich) mit ländlichem Einzugsgebiet ohne Schwerpunkt der musikalischen Früherkennung	Musikschule (Österreich) mit städtischem Einzugsgebiet und musikalischem Schwerpunkt	Volksschule (Ungarn) mit städtischem Einzugsgebiet ohne Schwerpunkt der musikalischen Früherziehung
Kurzbezeichnung	österr., untrainiert, städtisch	ungarisch, trainiert, städtisch	österr., untrainiert, ländlich	österr., musik. trainiert, städtisch	ungarisch, untrainiert, städtisch
Gesamtanzahl	42	43	37	33	51
Knaben	12	25	19	27	27
Mädchen	30	18	18	6	24
mittleres Alter in J.	8,5	9,3	8,7	8,6	9,6

Tab. 1: Probanden und ihre Gruppenzugehörigkeit

Untersuchungsmethoden

Fragebogen zur Erhebung von Sing- und Musikgewohnheiten der Kinder und Verwendung moderner Kommunikationsmedien

Zur Erfassung von Freizeitaktivitäten, stimmlichen Aktivitäten in Schule und Freizeit, Musikhörgewohnheiten, zusätzlicher musischer Ausbildung, Verwendung moderner Kommunikationsmedien und grenzüberschreitender Verbindungen (Freunde, Verwandte, Sprachkenntnisse) wurde ein eigener Fragebogen erstellt, den die Kinder im Rahmen der Untersuchungen selbständig ausfüllten.

Stimmfeldmessungen

Die Messungen wurden in den jeweiligen Schulen mit besonderer Berücksichtigung einer geräuscharmen Umgebung (Umgebungsgeräuschpegel max. 40 dB(A)) mit der Phonomat-Software der Fa. Homoth durchgeführt.

Aus dem Singstimmfeld wurden folgende Parameter ausgewertet:

- tiefster singbarer Ton (in Hz)
- höchster singbarer Ton (in Hz)
- Tonhöhenumfang (THU) in Halbtonschritten bei leisem und lautem Singen (1 Oktave=12 Halbtöne)
- Schalldruckpegel (SPL in dB) der leisen und lauten Singstimme bei 12 ausgewählten Frequenzen

Mit Hilfe der Sprechstimmfeldmessung konnten folgende Parameter ermittelt werden:

- Frequenz (in Hz) und SPL (in dB) der leisen Sprechstimme
- Frequenz (in Hz) und SPL (in dB) der mittellauten Sprechstimme bzw. „Vortragsstimme“
- Frequenz (in Hz) und SPL (in dB) der Rufstimme

Langzeitspektralanalysen

Es wurden u.a. frei vorgetragene Bildbeschreibungen digital aufgenommen und später bezüglich der indifferenten Sprechstimmlage spektralanalytisch ausgewertet. Darüber hinaus erfolgten digitale Aufzeichnungen der höchsten und tiefsten erreichbaren Tonproduktion und von Glissandoübungen, die später hinsichtlich der Grundfrequenzbestimmungen und eventueller Diskontinuitäten in Glissandobewegungen ausgewertet wurden.

Überprüfung gesanglicher Fähigkeiten

Alle österreichischen Kinder wurden gebeten, das Kinderlied „Alle meine Entchen“ mit selbst gewähltem Anfangston vorzusingen. Dieses Lied wurde auf ein digitales Speichermedium aufgenommen. Die ungarischen Kinder sangen ein ähnlich klingendes Kinderlied mit vergleichbarem Tonhöhenumfang und ähnlichem Melodieverlauf („Láttál-e már valaha“). Beiden Liedern war gemeinsam, dass der Anfangston der tiefste Ton im ganzen Lied war.

Die Untersucher WJ und BS bewerteten die Intonationssicherheit (intonationssicher/nicht intonationssicher) und bestimmten unter Verwendung eines Keybords den Anfangston des Liedes.

Anschließend wurden die Kinder angehalten, eine Tonleiter auf- und abwärts zu singen. Die Bewertung unterschied zwischen „Tonleiter singen nicht möglich“, „mit Fehlern möglich“ und „gut möglich“.

Die Fähigkeit, Töne nachzusingen, erfolgte mit Hilfe eines Keybords, auf dem definierte Töne in der ein- und zweigestrichenen Oktave vorgespielt wurden. Die Kinder sollten diese Töne nachsingen. Dabei wurde beurteilt, ob das Nachsingen „nicht möglich“, „mit Fehlern“ bzw. „ohne Fehler“ möglich war.

Ergebnisse

Fragebogen (Vergleich zwischen Kindern mit stimmlich-/musikalischem Training und Kindern ohne Training)

Die Antworten der Kinder auf die Fragen zeigten große Unterschiede.

Auf die Frage, in welcher Reihenfolge sie die Aktivitäten Sport-Musik-Computer-Spielen-Lesen am liebsten machen, gaben Kinder der Schulen ohne stimmlich-musikalische Förderung Sport an erster Stelle an, gefolgt von Spielen, Lesen, Computer und an letzter Stelle Musik. Kinder der anderen Gruppe nannten Musik und Spielen gleichwertig an erster Stelle, dann Sport, Computer und Spielen.

Trotzdem gaben 80,2% der Kinder ohne schulische stimmlich-musikalische Förderung an, gern zu singen, nahezu alle bejahten die Frage, gern Musik zu hören.

Singen in der Schule findet in der Gruppe ohne schulischen stimmlich-musikalischen Schwerpunkt etwa einmal in der Woche statt, ein Drittel dieser Kinder gab aber an, jeden Tag zu Hause singen. Bevorzugte Lieder seien Popsongs und zu gegebenem Anlass Weihnachtslieder. Ebenfalls ein Drittel dieser Gruppe lernt ein Instrument.

69,2% Kinder aus der Gruppe mit schulisch gefördertem stimmlich-musikalischen Training singen täglich in der Schule, 87,7% singen täglich zu Hause, mit Vorliebe Volkslieder (56,6%) und klassische Lieder (42,1%). Popsongs wurden erst an dritter Stelle genannt. Wesentlich mehr dieser Kinder (84,4%) erlernen ein Instrument, 81,5% sind Mitglied in einem Chor. Fast alle Kinder dieser Gruppe singen gern und hören gern Musik.

Stimmfeldmessungen (Vergleich zwischen Kindern mit stimmlich-/musikalischem Training und Kindern ohne Training)

Die Singstimmfeldmessungen zeigten zwischen den Kindergruppen bezüglich der erreichten SPL-Werte im Forte-Bereich keine statistisch signifikanten Unterschiede. Dagegen erreichten die Kinder mit stimmlich-musikalischem Training über den gesamten Frequenzbereich signifikant geringe SPL-Werte bei leisem Singen (alle p-Werte unter 0,05), d.h. bei Kindern ohne stimmlich-musikalisches Training ist die Piano-Kurve zu höheren SPL-Werten verschoben (Abbildung 1).

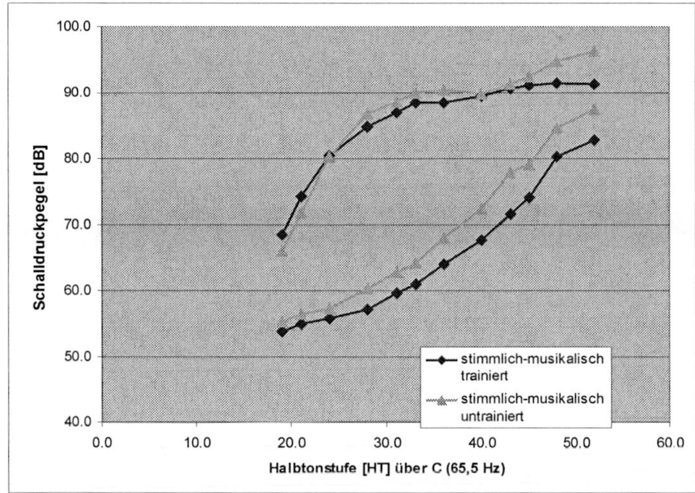

Abb. 1: Ergebnisse der Singstimmfeldmessung für 12 ausgewählte Frequenzen der Kinder mit schulisch organisierter stimmlich-musikalischer Förderung im Vergleich zu Kindern ohne stimmlich-musikalisches Training

Die Kinder mit Förderung erreichten einen signifikant höheren Tonhöhenumfang von 31,3 HT (p=0,000), im Vergleich zu den Kindern ohne Förderung, die einen Tonhöhenumfang von 26,6 HT hatten.

Der Tonhöhenumfang der Kinder mit stimmlich-musischer Förderung reichte von 177,3 Hz bis 1116,2 Hz, während die Kinder ohne stimmlich-musische Förderung durchschnittlich im Bereich von 195,1 Hz bis 966,3 Hz singen konnten.

Hinsichtlich der Sprechstimme ließen sich insbesondere Gruppenunterschiede bei Steigerung der Sprechstimme bis zur Rufstimme beobachten (Tabelle 2). Die Kinder mit Training erreichten höhere Schalldruckpegel, die auch die höheren Frequenzwerte der Rufstimme erklären.

Sprechstimmparameter		stimmlich/musikalisch untrainiert n=130 (100%)	stimmlich/musikalisch trainiert n=76 (100%)	P
leise Sprechstimme [Hz]	MW *	244,7	234,9	0,014
	SD* *	28,6	23,8	
leise Sprechstimme [dB]	MW	55,4	55,5	n.s.
	SD	3,0	2,7	
Vortragsstimme [Hz]	MW	261,4	255,2	n.s.
	SD	38,0	27,6	
Vortragsstimme [dB]	MW	66,8	66,1	n.s.
	SD	6,1	4,7	
Rufstimme [Hz]	MW	413,5	440,7	0,004
	SD	66,0	70,5	
Rufstimme [dB]	MW	94,2	96,4	0,005
	SD	5,9	5,1	

* MW Mittelwert
* SD Standardabweichung

Tab. 2: Sprechstimmfeldergebnisse der Kinder ohne stimmlich-musikalisches Training (untrainiert) im Vergleich zu den Kindern mit stimmlich-musikalischem Training (trainiert)

Überprüfung gesanglicher Fähigkeiten (Vergleich zwischen Kindern mit stimmlich-/musikalischem Training und Kindern ohne Training)

Die Auswertung der Parameter zur Bewertung der gesanglichen und stimmlichen Fähigkeiten ergab zwischen beiden Gruppen große Unterschiede. Stimmlich- und musikalisch ausgebildete Kinder waren im Liedgesang und Tonleitersingen wesentlich intonationssicherer und konnten die vorgespielten Töne wesentlich treffsicherer und sauberer nachsingen.

Ergebnisse der Beurteilung gesanglicher Fähigkeiten (Vergleich der fünf verschiedenen Schulen)

Beim Vergleich der Fähigkeiten, intonationssicher ein Lied bzw. eine Tonleiter zu singen, Töne nachzusingen und ein Glissando zu produzieren ließen sich zwischen den Gruppen große Unterschiede feststel-

Angaben in %		Gruppe 1 n=42 (100%)	Gruppe 2 n=43 (100%)	Gruppe 3 n=37 (100%)	Gruppe 4 n=33 (100 %)	Gruppe 5 n=51 (100%)	p-Wert
Intonationssicherheit beim Singen eines Liedes	Nein	64,3	22	59,5	39,4	72,5	0,000
	Ja	35,7	78	40,5	60,6	27,5	
Singen einer Tonleiter	nicht möglich	31,7	2,3	56,8	18,2	45,1	0,000
	mit Fehlern	53,7	39,5	32,4	42,4	45,1	
	Ohne Fehler	14,6	58,1	10,8	39,4	9,8	
Nachsingen von Tönen	nicht möglich	31	7	35,1	9,1	56,9	0,000
	mit Fehlern	42,9	41,9	32,4	33,3	27,5	
	Ohne Fehler	26,2	51,2	32,4	57,6	15,7	
Glissando	nicht möglich	0	0	0	0	5,9	0,000
	mit Fehlern	10	10	5,4	27,3	45,1	
	Ohne Fehler	90	90	94,6	72,7	49	

Tab. 3: Ergebnisse der Überprüfung der stimmlichen Fähigkeiten im Vergleich aller fünf Kindergruppen

len. Wie zu erwarten war, präsentierten sich die Kinder der Gruppe 2 mit hoher sängerischer Aktivität am versiertesten im Umgang mit der Stimme (Tabelle 3). Aber auch die Kinder der Gruppe 4 mit vordergründig instrumentaler Förderung zeigten eine deutlich bessere Beherrschung im Umgang mit ihrer Stimme als die Kinder der Gruppen 1, 3 und 5.

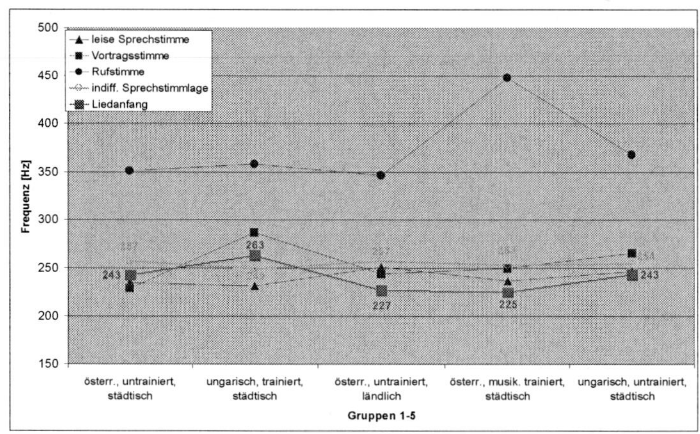

Abb. 2: Liedanfangston (selbst gewählt) im Verhältnis zur Sprechstimme

Bei der Bewertung der selbst gewählten Tonhöhe für den Liedanfang im Vergleich zur Stimmfunktion, ist auffällig, dass die Kinder aller Gruppen, mit Ausnahme der Gruppe 2 den Liedbeginn sehr tief wählten (Abbildung 2). Der Ton lag allgemein knapp über der unteren Stimmgrenze.

Spektralanalysen des Glissandos

Bei insgesamt 57 Kindern aller Kinder (> 25% der Kinder) zeigten sich beim Glissandosingen aufwärts, bei 44 Kindern (> 20%) beim Glissandosingen abwärts hörbare „Frequenzsprünge“ (Übergangssprünge), Frequenzbereiche, in denen die Glissandobewegung schneller „durchlaufen“ wurde. Ingesamt konnten 68 Frequenzsprünge aufwärts und 55 Frequenzsprünge abwärts gemessen werden, bei einigen Kindern wurden sogar mehrere Frequenzsprünge festgestellt. Diese Frequenzsprünge, ermittelt als „Absprungfrequenz“, „Zielfrequenz“ (jeweils in Hz) und „Sprungweite“ (in Halbtönen), scheinen keinen akustisch erkennbaren Regeln zu folgen. Das Abwärts- oder Aufwärtsgleiten beim Singen läuft durchschnittlich mit ca. 0,15 Halbtönen (HT) pro Hundertstelsekunde ab. Bei einer Verdoppelung dieses Wertes, also einer Steigerung um 100%, dies entspricht einem Wert von 0,3 HT pro Hundertstelsekunde wurde der Glissandobereich als Frequenzsprung definiert.

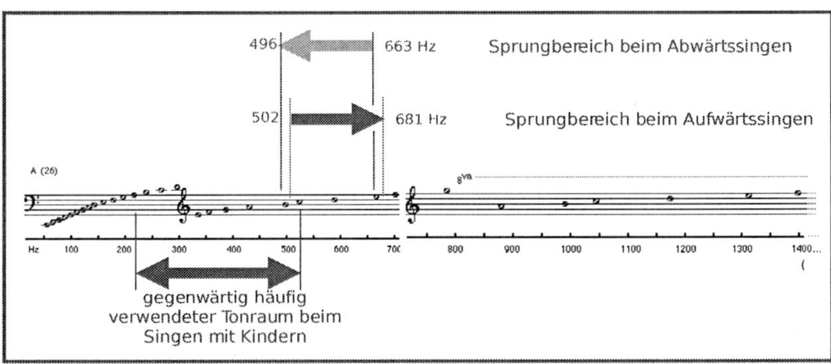

Abb. 3: Frequenzsprungbereiche beim Singen eines Glissandos, die bei etwa einem Viertel der untersuchten Kinder beobachtet wurden

Abbildung 3 zeigt die gemessenen Frequenzen, bei denen der Frequenzsprung startete und endete. Viele der Kinder mit inhomogenem Glissando zeigten einen Frequenzsprung beginnend im Bereich h' bis d", ab Frequenzen um e" und f" konnte die Stimme wieder homogen weitergeführt werden.

Ebenso ließen sich bei einigen Kindern Frequenzsprünge beim Abwärts-Glissando feststellen. Der Frequenzbereich, in denen am häufigsten ein Glissandosprung beim Abwärtssingen auftritt, liegt um d"/dis". Wenn man diese beiden Absprungtöne bis zum dritthäufigsten Frequenzbereich, um h" erweitert, zeigen innerhalb dieses Quart-Intervalls 23 Kinder einen Glissandoabfall zu tieferen Tönen.

Diskussion

In den letzten Jahren wurde immer wieder betont, dass die heutigen Kinderstimmen verkümmern würden und die Anzahl der kindlichen Stimmstörungen zunehmen würden. Aus diesem Grunde haben wir uns insbesondere den konstitutionellen Stimmfaktoren zugewandt. Wir konnten mit Hilfe der Stimmfeldmessung feststellen, dass der physiologische Tonhöhenumfang der 8- bis 10-jährigen Kinder im Durchschnitt mindestens 2 Oktaven umfasste, selbst nicht musikalisch geförderte Kinder erreichten einen Tonhöhenumfang von knapp 27 Halbtönen. Bei musisch-künstlerischer bzw. stimmlicher Förderung konnte sogar eine Erweiterung der physiologischen Grenzen der Stimme auf 31 Halbtöne erreicht werden. Natürlich kann nicht erwartet werden, dass dieser physiologische Tonhöhenumfang auch tatsächlich musikalisch verwendet werden kann. Diese Messergebnisse liegen über oder in etwa dem gleichen Bereich einiger anderer Studien (Tabelle 4)

Autoren	Jahr	Alter	n	Tonhöhenumfang [HT]	Tonhöhenumfang (x_{min} - x_{max})
Mc Allister et al.	1993	10	60	24	196 Hz -784 Hz
Frank & Sparber	1970	7-14	5000	26	175 Hz - 784 Hz
Wuyts et al.	2003	6-11	94	28	196 Hz - 923 Hz
eigene Ergebnisse	**2005**	**8-10**	**206**	**27-31***	**177 Hz - 1116 Hz**

* stimmlich ungeschult im Vergleich zu geschult

Tab. 4: Tonhöhenumfänge der Kinder in der Literatur

Bei Überprüfungen des Stimmgebrauchs über den gesamten Tonhöhenumfang (Glissando, Tonleiter singen) fiel auf, dass bei etwa einem Viertel der Kinder auch bei mehrfachenWiederholungen Frequenzsprünge beim Auf- und Abwärtssingen hörbar waren. Diese waren meist auch durch einen Klangfarbenwechsel beim Übergang vom tiefen zum hohen Register charakterisiert, die für das Vorhandensein von mindestens zwei Registern bei Kindern spricht. Möglicherweise werden diese hörbaren Frequenzsprünge im Bereich der Registerübergänge durch Koordinationsprobleme zwischen Atmung und Kehlkopf- bzw. Ansatzrohrmuskulatur bzw. zu hohen subglottischen Atemdruck verursacht. Allerdings sollten diese ungeschickt wirkenden Registerübergänge von Seiten der Lehrer und Stimmbildner nicht als Zeichen limitierender Stimmgrenzen gewertet werden, sondern mit gezielten Übungen zum „Einregistersingen" überwunden werden. In der Praxis wird noch zu oft den Kindern, möglicherweise aus Unwissenheit oder eigener Unfähigkeit, das Singen in der Kopfstimme verwehrt. Da die Kinder meist oberhalb dieses Übergangsbereiches eine wunderschöne Höhe besitzen, sollte gerade der Registerübergang vorsichtig stimmtechnisch erarbeitet werden, um den Kindern die Möglichkeit und Freude am Singen in der Höhe zu erschließen.

Bei den von uns untersuchten Kindern war bereits ein deutlicher Trend zu einem zu tiefen Singen festzustellen. Alle Kinder wählten den Anfangston des Liedes (mit kleinem Tonhöhenumfang) unter ihrer indifferenten Sprechstimmlage mit Ausnahme der stimmlich aktiven ungarischen Kindergruppe, die das Lied oberhalb ihrer indifferenten Sprechstimmlage ansetzten.

Ein bewusster Umgang mit den stimmlichen Möglichkeiten und das Beherrschen des eigenen Stimminstruments ist die beste Vorbereitung der Kinder für ihr späteres erfolgreiches Bestehen im verbalen Kommunikationsprozess. Es sollte daher ein pädagogisches Ziel bleiben, den ökonomischen Stimmgebrauch aller Kinder zu fördern, wobei zu hinterfragen bleibt, ob die entsprechenden LehrerInnen und ErzieherInnen in genügender Weise auf diese Aufgabe vorbereitet sind.

Schlussfolgerungen

- Fast alle Kinder können sehr hohe Töne singen.
- Kinderstimmen verfügen über (zumindest) zwei Register, ein hohes und ein tiefes.
- Stimmtrainierte Kinder wechseln beim Aufwärtssingen eindeutig früher in das höhere Register.
- Stimmtrainierte Kinder haben etwas tiefere Sprechstimmlage.
- Stimmtrainierte Kinder beginnen spontan gesungene Lieder mit einem eindeutig höheren, über der Sprechstimmlage liegendem Anfangston.
- „Musiktheoretisch-stimmliche" Leistungen (Töne nachsingen, Tonleiter singen) hängen von musikalischen und/oder stimmlichen Trainingsmöglichkeiten ab.

(Literatur bei der Autorin)

Visualisierte Registerübergänge Eine neue Methode zur Analyse von Frequenzsprüngen am Beispiel von Kinderstimmen

Werner Jocher

Einleitung

Pädagogische Erfahrungen des Verfassers beim Singen in der Schule als auch beim nicht professionellen Chorsingen von Kindern im Alter von etwa 7 bis 10 Jahren zeigen einen immer wieder verwendeten ungefähren Singstimmbereich von a bis etwa d". Dabei kann vielfach beim Singen eine sehr vitale aber eigentlich zu laute Stimmstärke wahrgenommen werden. Überschreiten die Kinder von tieferen Tönen kommend die scheinbar vorhandene obere Singstimmgrenze von etwa d", dann entsteht mit einer abrupten Klangfarbenänderung ein wesentlich dünnerer und leiserer Singstimmklang. Das Buch „Die Sängerstimme“ beschreibt im Kapitel „Register“ folgende Beobachtung: *„Vor allem während des Aufwärtssingens im Forte sind manchmal bestimmte Tonhöhenbereiche schwierig zu überwinden“*[2]. Dieser Übergang ist sehr deutlich wahr zu nehmen und lässt vermuten, dass es sich dabei tatsächlich um eine Registerangelegenheit handelt. Der vorliegende Beitrag versucht diesen „schwierig zu überwindenden“ Tonbereich genauer zu beschreiben, eine neue visuelle und somit genauere Untersuchungsmöglichkeit anzubieten und, wenn möglich, einen Bezug zum Register herzustellen.

Glissandosingen

Glissandosingen und Frequenzsprung

Beim Glissandosingen kann davon ausgegangen werden, dass jemand das beabsichtigte Glissando in einer gleichmäßigen Aufwärts- und

Abwärtsbewegung gestalten möchte. Das Überspringen einiger Töne oder das raschere Durchgleiten mehrerer Töne im Vergleich zur vorherigen und nachfolgenden gleichmäßig produzierten Glissandobewegung wird als Frequenzsprung bezeichnet. Nach dieser Überlegung wären Frequenzsprünge nicht bewusst gesteuert, sondern geschehen eben.

Grundüberlegung zu Frequenzsprüngen

Das Abwärts- oder Aufwärtsgleiten beim Glissandosingen, also die stetige Frequenzänderung beim Singen eines Glissandos, kann im Durchschnitt mit 0,05 und 0,15 Halbtönen (HT) pro Hunderstelsekunde angenommen werden. Von der oberen Grenze ausgehend (etwa 0,15 HT pro Hunderstelsekunde) wurde bei einer Verdoppelung dieses Wertes, dies entspricht einem Wert von 0,3 HT pro Hunderstelsekunde, diese Frequenzänderung als Frequenzsprung definiert.

Eine rein durch das Gehör vorgenommene Analyse solcher Frequenzsprünge würde jedoch ungenaue Ergebnisse bringen. Daher war es eine Notwendigkeit, eine visuelle Analysemöglichkeit zu finden. Das Programm PRAAT [4] bot sich dafür an. Es ermöglicht nicht nur eine grafische Darstellung, sondern auch den Export der Daten (Zahlen), die dieser Grafik zu Grunde liegen. Ein Datenexport wird u.a. für die Frequenzänderung pro Hunderstelsekunde bzw. für die Änderung des Schalldruckpegels pro Hunderstelsekunde angeboten.

Ein Frequenzsprung abwärts wird in diesem Programm zum Beispiel grafisch folgendermaßen dargestellt:

Frequenzsprünge abwärts: spektralanalytische Darstellung

Abbildung 1 zeigt ein von einem Kind gesungenes Abwärtsglissando mit einem deutlichen Frequenzsprung. Die blaue Linie (B) (Tonhöhe = Grundfrequenz) zeigt vorerst einen stetigen leichten Tonhöhenabfall. Etwa bei der senkrechten roten Linie (D) fällt die Tonhöhe plötzlich steiler nach unten ab, geht dann sogar etwas noch oben, um in weiterer Folge wieder stetig nach unten zu gleiten. Diese auffällige Stelle ist auch akustisch wahrnehmbar. Bei diesem Sprung zeigten die exportierten Zahlenwerte eine Absprungfrequenz von ca. 500 Hz (et-

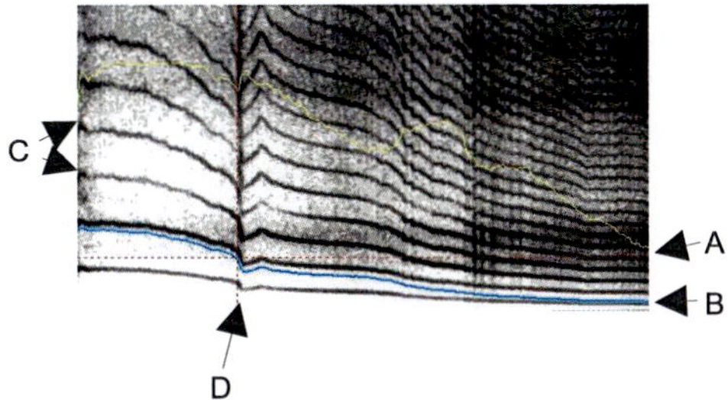

Abb. 1: spektralanalytische Darstellung einer Glissandobewegung mit einem Frequenzsprung abwärts

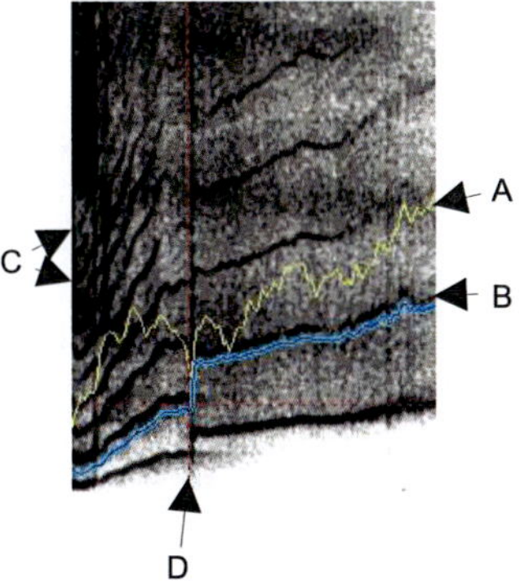

Abb. 2: spektralanalytische Darstellung einer Glissandobewegung mit einem Frequenzsprung aufwärts

A ... gelbe Linie ... Lautstärke [dB]
B ... blaue Linie ... Tonhöhe (f0)
C ... schwarze bzw. graue Linien ... harmonische Teiltöne
D ... rote Linie ... Zeitlinie

wa h'). Von dort konnte in 4 Hunderstelsekunden ein Frequenzabfall von 4 HT (= eine große Terz) gemessen werden, dies entspricht 1 HT pro Hunderstelsekunde.

Frequenzsprung aufwärts: spektralanalytische Darstellung

Abbildung 2 zeigt die Aufnahme eines Glissandos, von einem Kind produziert, zeigt einen Frequenzsprung von 551 Hz (ca. dis") aufwärts bis zu 766 Hz. Es „überwindet“ in 3 Hunderstelsekunden 5,71 HT.

Fragestellungen zu Frequenzsprüngen

- Zeitdauer der auftretenden Frequenzsprünge
- Sprungweite der auftretenden Frequenzsprünge absolut und Sprungweite pro Hunderstelsekunde
- Lassen sich bestimmte Frequenzen herausfiltern, in denen Absprung- oder Zielfrequenzen häufig auftreten?
- Vergleich der Absprungfrequenzen mit den Zielfrequenzen aufwärts bzw. den Absprungfrequenzen mit den Zielfrequenzen abwärts

Eine ausführliche Beantwortung dieser Fragen sowie Informationen zu Singstimmumfängen von Kindern kann in naher Zukunft der Publikation der von 2004 bis 2006 durchgeführten Untersuchung zu den „Leistungen der Sing- und Sprechstimmen 8- bis 10-jähriger Volksschulkinder in Ungarn und Burgenland“ (Univ. Prof. Dr. Berit Schneider, Wien; Prof. Werner Jocher, Linz) entnommen werden.

Register

Definition der Register

Außer Zweifel steht, dass es sich bei den Registern der menschlichen Stimme um aufeinander folgende Tonhöhenbezirke mit unterschiedlichem Klanggepräge handelt. Sie lassen sich für das geübte Ohr durch - manchmal minimale - Klangfarbenunterschiede des Stimmschalls auseinander halten.

„Unglücklicherweise gibt es keine allgemein akzeptierte klare Definition des Begriffes Register. (...) Leider müssen wir uns eingestehen, dass das Chaos in der Registerterminologie auf einem bedauerlichen Mangel an objektiver Erkenntnis zurückzuführen ist.“[3]

Mögliche Ursache von Frequenzsprüngen

Ermutigt, sich mit Frequenzsprüngen auseinander zu setzen, wurde der Verfasser dieses Artikels durch eine Untersuchung, in der von sieben Männern produzierte Frequenzsprünge vom Modal- ins Falsettregister und vom Falsett- ins Modalregister mit Hilfe der Stimmfeldmessung analysiert wurden [1]. Diese Untersuchung stellt einen eindeutigen Zusammenhang zwischen Frequenzsprüngen und Registertätigkeit her.

Da auch nach klassischem Vorbild stimmtrainierte Kinder Frequenzsprünge aufweisen, dürfte es sich auch bei Kindern nicht um stimmliche Ungeschicklichkeit, sondern um eine Umstellung der Art und Weise der Tonproduktion im Stimmorgan handeln. Ein Zusammenhang mit der Registertätigkeit liegt daher nahe: Nach dem Über- oder Unterschreiten einer bestimmten Tonhöhe übernimmt anscheinend eine andere Art und Weise der Stimmlippentätigkeit und der an der Stimmproduktion beteiligten Muskeln die Tonerzeugung. Dieser Wechsel der Stimmproduktion beim Glissandosingen von der anfänglichen Tonproduktion in die neue kann auch dann abrupt vor sich gehen, wenn Kinder diesen Übergangsbereich im Sinne einer guten Registerangleichung trainiert haben.

Das hier vorgestellte Analyseverfahren von Frequenzsprüngen ermöglicht jeder/jedem Interessierten, ohne finanziell aufwändige Software (wie z.B. Software zur Stimmfeldmessung) sich mit dem Thema Frequenzsprünge zu beschäftigen. Die dargestellte Untersuchungsmöglichkeit zeigt, wie ohne finanziellen Aufwand sehr exakt Frequenzsprünge festgestellt und visualisiert werden können. Auf dieser Basis kann konkret analysiert, beschrieben und statistisch ausgewertet werden. Die daraus gewonnenen Ergebnisse könnten eine rege Diskussion mit vielleicht interessanten Schlussfolgerungen, die Register betreffend, entstehen lassen.

Datenerfassung und Datenbearbeitung

Datenerfassung

Die Aufnahme der Singstimme kann entweder mit einem Minidisc-Rekorder erfolgen und nachfolgend mit Hilfe eines Programms in den

Computer eingespielt und dort als wav-Datei abgespeichert werden oder sie wird direkt mit dem Computer aufgenommen und sofort als wav-Datei gespeichert.

Datenbearbeitung

Auf folgender Homepage werden jene Erklärungen, die zur Analyse eines Frequenzsprunges notwendig sind, als PowerPoint - Dateien angeboten:
http://www.voce.at unter Downloads

Literaturangaben

[1] Bloothooft, Gerrit; Wijck van, Mieke; Pabon, Peter: Relations between vocal registers in breaks. Zugriff im Internet unter http://www.let.uu.nl/ Gerrit.Bloothooft/personal/Publications/Eurospeech01-registerbreaks.pdf am 30.10.05

[2] Seidner, Wolfram; Wendler, Jürgen: Die Sängerstimme: Phoniatrische Grundlagen der Gesangsausbildung. Berlin: Henschel Verlag, 1997, S. 91

[3] Sundberg, Johan: Die Wissenschaft von der Singstimme. Bonn: Orpheus Verlag, 1997, S. 74f.

[4] PRAAT: http://www.fon.hum.uva.nl/praat/download_win.html

Konzert- und Opernsolisten im Kindes- und Jugendalter - was hält eine Stimme aus?

WOLFRAM SEIDNER

Geht man das Thema „Konzert- und Opernsolisten im Kindes- und Jugendalter“ nicht nur emotional an, belegt durch interessante, eindrucksvolle Kasuistiken, sondern auch rational, so sind systematische Untersuchungen unumgänglich. Der zeitliche Rahmen meines Vortrages machte es erforderlich, auf Genres wie Rock- und Popsingen, Jazz, Schlager und Chanson zu verzichten.

Ich nahm mir das dreibändige „Große Sängerlexikon“ von Kutsch und Riemens vor und versuchte herauszufinden, in welchem Alter die Sänger debütiert hatten, speziell, wie viele Kinder und Jugendliche darunter waren. Nachdem ich 1.000 Biographien angesehen hatte, in denen sich Angaben zu meiner Frage fanden, war ich lediglich von **A** Aarden bis zu **C** Clément gekommen. Zur Begrenzung meiner Arbeit gezwungen, ließ ich die restlichen über 10.000 Biographien zunächst unberücksichtigt. Eine Grundaussage ist jedoch auch in der vorgenommenen Limitierung möglich.

Sopran	350
Mezzosopran und Alt	141
Tenor	229
Bariton und Bass	269
Kastraten	9
Altisten 2	2

Tab. 1: Stimmgattungen von 1.000 Sängerbiographien

Bezüglich der Stimmgattungen (Tab. 1) überwogen die Soprane deutlich, demgegenüber waren die tiefen Frauenstimmen am geringsten vertreten. Hohe Männerstimmen (Tenöre) fanden sich geringfügig seltener als tiefe Männerstimmen (Baritonisten und Bässe). Kastraten waren nur im 18. Jahrhundert aufgeführt. Da es weder die natürlichen Veranlagungen noch die auf der Bühne gesungenen Partien erlauben, die tiefen Stimmen einigermaßen exakt zu klassifizieren, wurden sowohl die Mezzosopran- und Altstimmen als auch die Bariton- und Bassstimmen in der Übersicht zusammengefasst.

Aus sängerischer Sicht entschloss ich mich, das Jugendalter – weder in medizinischen noch in soziologischen Publikationen einheitlich festgelegt – bei 20 Jahren zu begrenzen. Das artifizielle Singen in der Tradition des beruflichen Konzert- und Operngesanges muss postmutational meist über einige Jahre aufgebaut und stabilisiert werden, und da ist ein Berufsdebüt im Alter von 20 Jahren als ein jugendbezogenes Ereignis anzusehen.

Unter den 1.000 erwähnten Biographien wurden 190 mal Angaben über ein Debütalter bis einschließlich des 20. Lebensjahres gemacht (Tab. 2).

Gesamtzahl	190 (19%)
Sopran	112 (60%)
Mezzosopran	15 (8%)
Alt	10 (5%)
Tenor	20 (11%)
Bariton	18 (10%)
Bass	10 (5%)
Kastraten	5 (< 1%)

Tab. 2: Anteil der Jugendlichen bis 20 Jahre

Sopran	112 (60%)
Mezzosopran und Alt	25 (13%)
Tenor	20 (11%)
Bariton und Bass	28 (15%)
Kastraten	5 (< 1%)

Tab. 3: Anteil der Jugendlichen bis 20 Jahre „korrigiert“

Soprane ließen sich am häufigsten finden, Altistinnen und Bässe am seltensten. Bildet man von den tiefen weiblichen und den tiefen männlichen Stimmen jeweils eine Gruppe, so fällt auf, dass sie nur gering differieren (Tab. 3).

Das Debütalter der Jugendlichen zeigt stimmgattungsspezifisch, dass nur erstaunlich geringe Unterschiede vorhanden sind (Tab. 4). Generell traten die jugendlichen Damen etwas früher auf als die jugendlichen Herren. Im Mittel waren die Altistinnen die jüngsten, die Baritonisten die ältesten. Kastratensänger lassen sich unter diesem Gesichtspunkt natürlich nicht zuordnen. Die geschlechtsspezifisch gemachte Grundaussage wird in Tab. 5 noch einmal bestätigt. Erstaunlich, dass die hohen Männerstimmen in ihrem Debütalter etwas jünger waren als die tiefen.

Sopran (13-20)	17,9
Mezzosopran (15-20)	18,0
Alt (8-20)	17,6
Tenor (14-20)	18,4
Bariton (17-20)	19,0
Bass (16-20)	18,3
Kastraten (14-19)	16,4

Tab. 4: Debütalter der Jugendlichen (Jahre)

Sopran	17,9
Mezzosopran und Alt	17,8
Tenor	18,4
Bariton und Bass	18,8

Tab. 5: Debütalter der Jugendlichen (Jahre) „korrigiert“

Weder in einem Vortrag noch in einer Publikation ist es möglich, die erkundeten 190 jugendlichen Sängerschicksale und -entwicklungen, die in einigen Fällen sogar musikgeschichtlich bedeutsam sind, auch nur annähernd lebendig darzustellen.

Die meisten Debütanten traten in der Oper auf, seltener im Konzert, aber stets an prominenter Stelle und fast immer zu Beginn einer glanzvollen, internationalen Karriere – sonst wären sie ja auch nicht in dem Lexikon erwähnt worden. Abgesehen von Kastraten, die früher begannen als die nicht kastrierten Sänger, finden sich in den natürlichen Stimmgattungen geradezu erstaunliche Karrieren. Leider müssen jetzt einige Andeutungen, nur unsystematisch dargestellt, genügen.

- Irene Abendroth sang mit 17 (im Jahre 1888) an der Wiener Hofoper die Amina in „La Somnambula“ von Bellini,
- Giovanna Astrua debütierte mit 13 (im Jahre 1743) in Venedig, sang dann ab 17 an der Hofoper Berlin, deren Primadonna sie über 26 Jahre blieb,
- Teresa Brambilla gab ihr Debüt mit 13 (im Jahre 1831) und sang dann später die Gilda in der Uraufführung von Verdis „Rigoletto“,
- Maria Callas debütierte mit 15 (im Jahre 1938) in einer Schüleraufführung als Santuzza in „Cavalleria rusticana“ von Mascagni,
- Katharina Cavalieri wurde mit 15 (im Jahre 1775) durch Salieri, der für sie komponierte, an die Wiener italienische Oper verpflichtet, ehe sie mit 22 Jahren die Konstanze bei der Uraufführung von Mozarts „Entführung“ sang und eine der größten Primadonnen ihrer Generation wurde.
- Giuseppe Anselmi begann mit 20 (im Jahre 1896) an der Königlichen Oper zu Athen als Turridu in Mascagni's „Cavalleria rusticana“,
- Fritz Birrenkoven überraschte mit 19 (im Jahre 1897) am Düsseldorfer Opernhaus als Max in Webers „Freischütz“,
- Jussi Björling sang mit 19 (im Jahre 1930) an der Königlichen Oper Stockholm den Don Ottavio in Mozarts „Don Giovanni“,
- Michael Balfe debütierte mit 19 (im Jahre 1827) in Paris als Figaro in Rossini's „Barbier“, über dessen Interpretation sich der Komponist sehr befriedigt äußerte,
- José Beckmans sang mit 19 (im Jahre 1916) den Escamillo in Bizets „Carmen“, usf., usf..

Einige interessante Kasuistiken, im Vortrag mit Klangbeispielen belebt und verdichtet, lassen sich jetzt nur „verdünnt“ wiedergeben.

Gaetano Caffarelli (1710-1783). Der Kastrat absolvierte ein fünfjähriges Studium in Neapel bei Nicola Porpora, der ihn mit den Worten entließ: „Geh, mein Sohn, ich kann dir nichts mehr beibringen. Du bist der größte Sänger in Europa.“

Vorher war ein intensives Stimmtraining erfolgt: Morgens: 1 Std. Übungen schwieriger Gesangspassagen, 1 Std. Schreibstudien, 1 Std. Singübungen unter Spiegelkontrolle, um Haltung und Gebärden zu korrigieren und hässliche Grimassen zu vermeiden. Nachmittags: 1/2 Std. Theorie, 1/2 Std. Kontrapunkt mit Praxis der Improvisation, 1 Std. Kontrapunktstudien (mit der Cartella), 1 Std. Schreibstudien. Für den Rest des Tages: Übungen am Cembalo sowie Komponieren von Psalmen und Motetten. Durch das viele Üben erfolgte keine stimmliche Überlastung, denn die Theorie des Singens einschließlich Wortbedeutung und Verständlichkeit wurde aufmerksam beachtet.

Mit 14 Jahren erfolgte Caffarellis Bühnendebüt in Rom, und nachfolgend erlebte er grandiose Triumphe an mehreren italienischen Opernhäusern, auch in London bei Georg Friedrich Händel und später in Paris. Er soll der erste gewesen sein, der chromatische Skalen in seine Koloraturen einfügte und auch während schneller Passagen eine exakte Technik beherrschte. Die Stimme von Vivica Genaux, während des Vortrages mit der Arie „Dolci freschi aurette“ aus „Polifemo“ von Nicola Antonio Porpora vorgeführt, kommt dem Ausnahmesänger wahrscheinlich sehr nahe.

Maria Callas (1923-1977). Das Operndebüt mit 15 Jahren wird wiederholt erwähnt, aber durch Jürgen Kesting habe ich kürzlich eine Rundfunkaufnahme erhalten, die höchstwahrscheinlich mit Maria Callas im 12. Lebensjahr angefertigt worden ist. Auch wenn die Anfänge ihrer Sängerkarriere nicht restlos geklärt sind, erscheinen die beiden vorgeführten Aufnahmen der Arie „Un bel di vedremo“ aus Puccini's „Madame Butterfly“, die mit 12 und mit 31 Jahren aufgenommen worden sind, recht interessant. Denn in der musikalischen und sängerischen Grundanlage sowie im Ausdrucksverhalten ergeben sich verblüffende Ähnlichkeiten.

Jussi Björling (1911-1960). Bereits als Knabe war Jussi Björling sängerisch aktiv und sang mit dem Vater und zwei Brüdern in einem

Quartett, mit dem er nicht nur in skandinavischen Ländern auf Reisen ging, sondern auch in amerikanischen.

Ich danke Johan Sundberg sehr, dass er mir aus dem Björling-Museum in Stockholm eine der seltenen und unbekannten Aufnahmen besorgt und für meinen Vortrag zur Verfügung gestellt hat. Wir wissen nicht genau, welche Stimme Jussi Björling in dem vorgeführten folgenden Terzett singt, wahrscheinlich aber die Oberstimme. Es fällt auf, dass alle drei Jungs bei gutem Stimmsitz das „Shouting“ betreiben, das ja beim Folklore-, Jazz- und Schlagersingen üblich ist. Der Atem wird aber nicht derart heftig eingesetzt, dass die Entfaltung des Vibratos behindert wird.

Zum Hörvergleich dienten zwei Aufnahmen: eine mit dem jungen Björling von 18 Jahren („För dig allén von Geel“) und eine mit dem älteren, mit 31 Jahren („O soave fanciulla“ aus Puccini's „La Bohème“). Eindrucksvoll, wie sich Stimmsitz und Timbre bereits im jugendlichen Alter ausgeprägt haben.

Peter Schreier. Sicher ist allen bekannt, dass Peter Schreier einem musikalischen Elternhaus entstammt. Der Vater, Lehrer und Kantor, notierte schon Anfang des 3. Lebensjahres, dass Peter sehr schön tonrein mit Text singe. Mit 10 Jahren wurde der Knabe dann im Kreuzchor aufgenommen, wo er seine grundlegende musikalische, vor allem auch stilistische Ausbildung erhielt. Zugleich lernte er, Disziplin zu üben und sich im Interesse eines Werkes unterzuordnen. Zunächst sang er als Sopranist, dann in der Prämutationsphase als Altist. Die Mutation trat spät ein und wurde rasch überwunden.

Abgesehen von der Überanstrengung der Stimme mit 20, als sich Peter Schreier mit dem Evangelisten in Bachs Matthäuspassion übernommen hatte, ist er seiner Stimmgebung, die er schon als Knabensolist verinnerlichen konnte, treu geblieben. Allerdings hatte er auch das große Glück, sich behutsam und kontinuierlich entwickeln zu können. Zum Beispiel wurde er nach dem Studium an die Dresdner Staatsoper fachspezifisch als Mozart-Tenor verpflichtet, fernab jeglicher Verschleiß-Ideologie. Er hat die natürlichen Grenzen seiner Stimme gekannt und stets beachtet und ließ sich nie dazu verführen, zu schwere Partien zu übernehmen.

Anja Silja. Anja Silja erhielt schon mit 5 Jahren die ersten Gesangsstunden durch ihren Großvater, eine halbe Stunde täglich, 15 Jahre lang, gestützt auf Freude am Singen, Begeisterungsfähigkeit und eine unbekümmerte Fröhlichkeit.

Die einzige Tonbandaufnahme, die von ihrer Kinderstimme (mit 11 Jahren) existiert, fand sich zufällig an, und Anja Silja war sofort damit einverstanden, dass ich die Aufnahme in meinem Vortrag verwende. Das vorausgehende Interview zeigt eine besondere mentale und emotionale Gehobenheit sowie ein leichtes und müheloses Singen mit gutem Stimmsitz – Grundvoraussetzungen, die, gepaart mit Ehrgeiz und Glück, die spätere Sängerkarriere ganz gut abgesichert haben. Als Anja Silja mit 18 Jahren Georg Solti nacheinander Isoldes Liebestod, Königin der Nacht und Pamina vorgesungen hatte, äußerte der Meister: „Das war das erstaunlichste Vorsingen, das ich je erlebt habe.“

Mit 20 Jahren debütierte sie dann in Bayreuth als Senta in Wagners „Der fliegende Holländer“ mit der bekannten Leichtigkeit und zugleich hervorragenden Durchdringungsfähigkeit ihrer Stimme.

Im September des vergangenen Jahres hörte ich Anja Silja in Arnold Schönbergs „Erwartung“ an der Berliner Staatsoper, und sie sang dabei – in einem Alter von 66 Jahren – nicht nur mit starkem, bezwingendem Ausdruck, sondern vor allem mit einer gut fokussierten, ausgeglichenen und biegsamen Stimme sowie mit einem gut kontrollierten Vibrato.

Was hält eine Stimme aus?

Eine Stimme hält viel aus, wenn einerseits die natürliche Veranlagung für den Sängerberuf mit seinen meist enormen Belastungen günstig ist, und wenn andererseits das persönliche, soziale und künstlerische Umfeld sängerfreundlich auf die Entwicklung des artifiziellen Singens einwirkt. Jedes Missverhältnis oder jede Fehlbalance zwischen beiden Komponenten kann die Stimmentwicklung zum Sängerberuf behindern oder unmöglich machen.

Die natürlichen Voraussetzungen lassen sich mit dem Konstitutionsbegriff kennzeichnen, der in Definitionen etwas variiert. Eine für das künstlerische Singen und für den Sängerberuf besonders zutreffende Definition wäre: Die in der Erbanlage begründete und unter Einbeziehung der Umwelt verwirklichte Gesamtverfassung eines Organismus.

	18. Jhd.	Differenz	19. Jhd.	Differenz	20. Jhd.
Sopran	18,3 (n=33)	2,6 J.	20,9 J. (n=94)	2,8 J.	23,7 J. (n=223)
Mezzo und Alt	17,0 J. (n=4)	(4,5 J.)	21,5 J. (n=32)	3,1 J.	24,6 J. (n=105)
Tenor	20,8 J. (n=13)	2,9 J.	23,7 J. (n=72)	2,6 J.	26,3 J. (n=144)
Bariton u. Bass	23,2 J. (n=10)	(0,7 J.)	23,9 J. (n=89)	2,3 J.	26,2 J. (n=170)

Tab. 6: Debütalter 18.-20. Jahrhundert

Die Umwelteinflüsse wirken auf vielfältige Art und individuell sehr verschieden, natürlich auch in Abhängigkeit von den konstitutionellen Voraussetzungen. Besonders wichtig erscheinen familiäre Geborgenheit, gezielte musikalische und stimmliche Fördermaßnahmen, ein Stimmideal, das sich von den Einflüssen des Rock- und Popsingens abhebt, eine solide Gesangstechnik im Sinne des traditionellen Opern- und Konzertgesanges und sängerische Perspektiven?

Abschließend gehe ich noch einmal auf die eingangs vorgestellte Analyse der 1.000 Sängerbiographien ein (Tab. 6). Die Kastraten sind dabei unberücksichtigt geblieben. Das Debütalter ist im Verlauf der vergangenen drei Jahrhunderte angestiegen, wobei die Soprane fast immer am jüngsten waren und die Männer stets später auftraten als die Frauen.

Geht man für unser Jahrhundert von den Durchschnittswerten des 20. Jahrhunderts aus, so müssen sich die meisten Stimmen bis zum 24. oder 26. Jahr gedulden, ehe sie Bühnenreife erlangen. Das bedeutet natürlich nicht, dass die Jugendzeit ungenutzt verstreichen darf. Die Soprane können etwas früher starten. Demgegenüber brauchen die tiefen Frauenstimmen ein Jahr länger, die Männerstimmen sogar mehr als zwei Jahre länger. Erstaunlich ist, dass sich darin die Tenöre von den tiefen Männerstimmen gar nicht so sehr unterscheiden.

Zusammenfassung

Aus 1000 Sängerbiographien ließ sich ermitteln, dass 190 Sängerinnen und Sänger ihre überwiegend internationale Karriere bereits im jugendlichen Alter, das hier mit 20 Jahren festgelegt worden ist, begonnen hatten. Stärkere stimmliche Belastungen im Kindes- und Jugendalter müssen nicht stimmschädigend wirken und eine Sängerkarriere verhindern, wenn die natürlichen, konstitutionellen Voraussetzungen günstig sind und während der Ausbildung angemessen beachtet werden. Vor allem die Umwelt muss in allen ihren Einflussmöglichkeiten stimm- und sängerfreundlich ausgerichtet sein. Das Ideal einer dichten, klaren, klangvollen, modulationsfähigen und mühelos erzeugten Stimme gehört ebenso dazu wie eine gute stimmtechnische Schulung sowie Geborgenheit in menschlicher und musikalischer „Nestwärme“.

Literaturangaben

[1] Heriot, A. The Castrati in Opera, Secker & Warburg, London 1956

[2] Kesting, J. persönliche Mitteilung

[3] Kutsch, K.J., Riemens, L. Großes Sängerlexikon, Bd. 1, Saur, Bern 1991

[4] Schreier, P. Aus meiner Sicht, 3. Aufl., Union, Berlin 1986

[5] Seidner, W., Wendler, J. Die Sängerstimme, Henschel, Berlin 2004

[6] Silja, A. Die Sehnsucht nach dem Unerreichbaren, 4. Aufl., Parthas, Berlin 2000

[7] Silja, A. persönliche Miteilung

[8] Sundberg, J. persönliche Mitteilung

[9] Wendler, J., Seidner, W., Eysoldt, U. Lehrbuch der Phoniatrie und Pädaudiologie, 4., völlig überarbeitete Auflage, Thieme, Stuttgart – New York 2005

Als Kind im Chor – was lernt man dort noch außer Singen?

Claudia Spahn

Einführung

Die Tatsache, dass Singen in unserer heutigen Gesellschaft seine natürliche Präsenz verloren hat, veranlaßt uns, nach Gründen zu suchen, die das Singen für Kinder und Jugendliche wieder attraktiv machen können. Dem Chorwesen kommt für den Erhalt der Singstimme eine zentrale Funktion zu, da hier in organisierter Form eine kulturelle Tradition weiterlebt, die früher unmittelbar im Alltag präsent war. Die Überzeugung, dass Singen gut für die Gesundheit ist [2], finden wir bereits in der Antike, und auch hier wurde das Singen sowohl als musikalische künstlerische Äußerung als auch in seiner sozialen Eingebundenheit verstanden. Sich die Frage zu stellen, was man im Chor noch alles lernt außer Singen, liegt demnach nahe und darf gestellt werden, ohne das Chorsingen damit zwangsläufig einer extramusikalischen Legitimation unterworfen würde.

Vom Chorsingen profitiert: 84 Mitglieder eines Universitätschores		
sozial	Neue Kontakte, Gemeinschaftserleben, Treffen außerhalb des Chors	87%
emotional	Streßlösend, Distanzierung von beruflichen Anforderungen und verstärktes Selbsterleben, mehr Selbstvertrauen, macht Spaß, fühle mich lebendiger	75%
körperlich	Fühle mich fitter, bessere Atemkontrolle	58%
geistig	Sinn, Reflexion über Lebenseinstellung, fühle mich wohl	49%

Tab. 1: Clift und Hancox [1]

In der Literatur finden sich bisher kaum Untersuchungen, die sich mit den Wirkungen des Chorsingens befassen. In einer jüngeren Studie untersuchten Clift und Hancox [1] 84 erwachsene Mitglieder eines Universitätschores in England (Studenten, Universitätsangestellte und Gemeindemitglieder) und befragten sie mittels eines Fragebogens, in welchen Bereichen sie vom Chorsingen profitierten (Tab.1).

Aus den Bewertungen der Befragten konnten in dieser Untersuchung 6 Dimensionen positiver Wirkung von Chorsingen gefunden werden:

1. Wohlfühlen und Entspannung
2. Atmung und Körperhaltung
3. Soziales Erleben und Verhalten
4. Einstellung und Sinnhaftigkeit
5. Emotionales Befinden
6. Herzfunktion und Immunabwehr

Zur Funktion des Chorsingens für die Entwicklung von Kindern und Jugendlichen waren uns keine Studien bekannt. Wir begannen deshalb eine eigene Interviewstudie zum Chorsingen bei Kindern und Jugendlichen.

Eigene Interviewstudie mit Kindern und Jugendlichen

Ziel der Studie war es, aus Sicht der Kinder und Jugendlichen selbst zu erfahren, welche Aspekte des Chorsingens und der Chorzugehörigkeit sie erleben und ob hierbei Aspekte genannt werden, die über das Singen hinausgehen.

Als Stichprobe wurden Kinder und Jugendliche im Altersspektrum zwischen 7 und 24 Jahren ausgewählt. Um unterschiedliche Chortraditionen zu erfassen, wurden Personen aus zwei extrem unterschiedlichen Chören, den Stuttgarter Hymnus-Chorknaben und dem Astrid-Lindgren-Kinderchor Freiburg, befragt. Die Chöre unterscheiden sich u.a. bzgl. der Dauer ihres Bestehens (100 Jahre vs. 4 Jahre), des

Geschlechts (Knabenchor vs. gemischter Chor), der Konfessionalität (evangelisch vs. frei) sowie des Repertoires und der Konzerttätigkeit.

Im folgenden sind die beiden Chöre kurz beschrieben:

Die *Stuttgarter Hymnus-Chorknaben* sind ein seit über hundert Jahren bestehender evangelischer Knabenchor in der Tradition der großen Knabenchöre (Thomanerchor Leipzig, Dresdner Kreuzchor). Die Chorsänger treten nach einer Aufnahmeprüfung mit ca. 8 Jahren als Anfänger in den Chor ein und erhalten dort zunächst eine stimmliche und musikalische Grundausbildung. Bei entsprechender positiver Entwicklung können sie in den Konzertchor aufrücken. Der Konzertchor probt in der Regel dreimal pro Woche und tritt fast jedes Wochenende auf (in Gottesdiensten und Konzerten). Die Kinder wohnen bei den Eltern und besuchen weiter die allgemein bildenden Schulen. Der Chor veranstaltet Chorfreizeiten und Chorreisen in andere europäische Länder. Zum Standardrepertoire des Chores gehören die Motetten und das Weihnachtsoratorium sowie die Passionen (Johannes- und Matthäuspassion) von Johann Sebastian Bach. Die Kinder und Jugendlichen führen ein sehr intensives Chorleben mit hoher Leistungsanforderung und Leistungsbereitschaft. Nach der Mutation singt ein Teil der Chorsänger im Männerchor weiter (www.hymnuschor.de). Derzeitiger Leiter ist Hanns-Friedrich Kunz.

Abb. 1: Stuttgarter Hymnus-Chorknaben

Der *Astrid-Lindgren-Kinderchor* Freiburg wurde vor 4 Jahren von Eltern gegründet, die selbst Musiker sind. Es handelt sich um einen gemischten Chor mit Mädchen und Jungen im Alter zwischen 5 und 14 Jahren. Die Entscheidung über die Zugehörigkeit zum Chor erfolgt nach einer Erprobungsphase. Die Proben finden in der Regel einmal wöchentlich statt. Der Chor fühlt sich entsprechend seiner Namensgebung der Natur und der Freude am unmittelbaren Erleben von Musik verpflichtet, einem Kindsein wie es in den Büchern Astrid Lindgrens seinen Ausdruck findet. Das Repertoire des Chores umfaßt volkshafte Lieder, welche in verschiedenen europäischen Sprachen gesungen werden. Ein Schwerpunkt liegt auf schwedischen Liedern aus Astrid Lindgrens Büchern und Filmen, daneben besteht eine Bandbreite musikalischen Repertoires von Mozart bis ABBA. Der Chor tritt regelmäßig mit Konzerten und szenischen Aufführungen auf (auch eines vom Chorleiter Dr. Mathias Schillmöller geschriebenen Musicals). Diese Aktivitäten sowie gemeinsame Reisen und Chorfreizeiten werden getragen aus der Initiative des Chorleiters und der sehr engagierten Choreltern (www.astrid-lindgren-kinderchor.de).

Abb. 2: Astrid-Lindgren-Kinderchor Freiburg

Tabelle 2 gibt die Interviewteilnehmer der Studie wieder.

Name	Alter	Chor	Choreintritt
Charlotte	7	Astrid-Lindgren-Kinderchor Freiburg	mit 4 J.
Léo	7	Astrid-Lindgren-Kinderchor Freiburg	mit 4 J.
Martha	10	Astrid-Lindgren-Kinderchor Freiburg	mit 7 J.
Jakob	12	Stuttgarter Hymnus-Chorknaben	mit 6 J.
Adrian	14	Stuttgarter Hymnus-Chorknaben	mit 7 J.
Jonas	14	Stuttgarter Hymnus-Chorknaben	mit 8 J.
Michael	18	Stuttgarter Hymnus-Chorknaben	mit 9 J.
Erik	24	Stuttgarter Hymnus-Chorknaben	mit 7 J.

Tab. 2: Interviewstichprobe, n=8

Methodisch wurde die Form des Halbstrukturierten Interviews gewählt. Dieser Interviewtyp erschien uns aufgrund des offenen, explorativen Herangehens besonders geeignet. Halbstrukturiert bedeutet, dass die Themenbereiche im Interview festgelegt wurden, dass jedoch Freiheit in der Gestaltung des Gesprächs und während des Gesprächsverlaufs bestand.

Interviewstruktur:

A „Warm-up"-Phase: Fragen nach Alter, Alter bei Choreintritt, Grund für Choreintritt, musikalischer Hintergrund, Familie

B Spezifischer Fragenteil:

- Was macht Dir im Chor besonders Spaß?
- Was erlebst und lernst Du außer dem Singen?
- Wofür könnte Dir das Chorsingen nützlich sein?
- Würdest Du Deine Kinder auch in den Chor schicken?

Die Interviews mit den Hymnus-Chorknaben wurden in Stuttgart im Büro des Chorleiters während einer Chorprobe geführt. Die Studie stieß bei den Chorsängern auf große Offenheit und wurde vom Chorleiter sehr unterstützt.

Die Interviews mit den Kindern des Astrid-Lindgren-Kinderchors fanden in der Wohnung der jeweiligen Eltern statt. Auch hier fand die Befragung positiven Anklang.

Die Interviews dauerten jeweils zwischen 30 und 60 Minuten. Die Gespräche wurden mit Einverständnis der Befragten mittels Audio- und Viedoaufnahmen aufgezeichnet.

Die Auswertung erfolgte durch Transskription der Audio- und Videomitschnitte. Um die Fülle des Materials von vornherein zu reduzieren, wurden geeignete Abschnitte beim Hören ausgewählt. Die Aussagen der Kinder und Jugendlichen in den Interviews wurden dann thematisch nach Fragen geordnet und zusammengefaßt.

Ergebnisse

Im folgenden sind die Ergebnisse der Studie nach Interviewfragen gegliedert zusammengestellt. Es werden zunächst beispielhaft Zitatausschnitte vorgestellt und daraufhin die zum jeweiligen Themenkomplex genannten Inhalte zusammenfassend resümiert.

Zu Frage 1: Was macht Dir im Chor besonders Spaß?

Charlotte, 7 J.
„Mein Lieblingslied zu singen, auf Schwedisch ...“

Léo, 10 J.
„Ja und dann macht es auch Spaß, wenn wir nach den Konzerten noch spielen mit den anderen, z.B. Fußball.“

Jakob, 12 J.
„Die Chorfreizeiten gefallen mir besonders gut. Da gibt es dann Medaillien bei den Hymnusiaden.“

Jonas, 14 J.
„Ich habe ein paar Lieblingschoräle von Bach. Die zu singen ist besonders schön.“

Adrian, 14 J.
„Also die Konzertreise jedes Jahr macht mir besonders viel Spaß. Und das war letztes Jahr Rumänien, und da habe ich auch viele interessante Erfahrungen über das Land gesammelt. Über die Menschen, die dort wohnen. Ich würde jedem empfehlen, in den Chor zu gehen, es macht sehr viel Spaß, gerade auch das Musikalische.“

Auf die Frage, was im Chor besonderen Spaß macht, wurden genannt: bestimmte Lieder, Literatur, Konzertreisen (neue Länder, Gemeinschaft mit anderen), Chorfreizeiten („Hymnusiaden“), Spielen mit anderen Kindern bei Chorfesten, Zusammensein mit anderen Chormitgliedern.

Alle Befragten nannten auf die erste Frage im Interview außer dem Singen soziale Erlebnisse mit dem Chor, die ihnen besonderen Spaß machen. Das Zusammensein mit anderen Gleichaltrigen bei Konzertreisen oder Chorfreizeiten stand hierbei an erster Stelle.

Zu Frage 2: Was erlebst und lernst Du außer dem Singen?

Charlotte, 7 J.
„Da lernen wir Sprachen. Italienisch, Deutsch, Schwedisch, Französisch und Englisch. Wir haben auch auf der Bühne gesungen, gesprochen, getanzt, gekämpft und gesiegt."

Léo, 7 J.
„Ich kann jetzt Französisch, ich hab viel über Schweden gelernt, ich kann jetzt z.B. ‚tschüß' sagen auf Schwedisch."

Martha,10 J.
„Die Gemeinschaft mit den anderen. Im reinen Mädchenchor zu singen, würde vielleicht nicht so viel Spaß machen, oder nur Jungen. Ich finde es besser, wenn der Chor gemischt ist, die Hälfte Jungen, die Hälfte Mädchen."

Jakob, 12 J.
„Ja, wenn ich mal 'ne schlechte Note in der Schule habe, dann komm' ich hierher in den Chor und dann ist das wieder vergessen."

Adrian, 14 J.
„In der Gemeinschaft Dinge machen, mit anderen auskommen, in ein anderes Land fahren. Da lernt man auf jeden Fall viele Sachen neben dem Singen, z.B. auch Disziplin. Das kennt doch jeder: ‚Jetzt hab' ich doch gar keine Lust auf die Samstags-Chorprobe, jetzt will ich doch viel lieber mit meinen Freunden was unternehmen.' Die Erfahrung habe ich schon oft gemacht, aber wenn man dann halt drin ist und dann singt, dann kommt man raus und sagt sich: ‚Hey, das war doch eigentlich ganz klasse, hat doch voll Spaß gemacht. Gott sei Dank bin ich hingegangen.' "

Jonas, 14 J.
„Auf jeden Fall weiß ich, dass ich dadurch, dass ich im Chor bin, besser als andere in der Schule bin. Sonst die Jungen in meinem Alter hängen so ein bißchen ab, und ich bin eigentlich doch so immer im Mittelmaß. Es ist schon ein Unterschied zu den anderen, im Chor zu sein, auch weil die anderen Jungs es manchmal nicht verstehen. Dass jemand im Chor singt, ist vielleicht nicht so ‚in' in meinem Alter. Ich weiß nicht, vielleicht fände ich das auch nicht so toll, wenn ich da jetzt nicht mit 8 in den Chor gekommen wäre, da würde ich mir jetzt vielleicht auch sagen ‚Oh, warum singt der im Chor!'. Am

Anfang haben die anderen manchmal doofe Witze darüber gemacht, aber das legt sich dann wieder, weil da vergessen die das. Es ist ja meine Sache, ob ich in einem Chor singe, es macht Spaß. ‚Ihr wart ja noch nie da.'"...

Erik, 24 J.
„Der Chor hat für meine ganze Entwicklung eine große Rolle gespielt. Ohne den Hymnus wäre ich nicht der Mensch, der ich heute bin. In der Pubertät mit 15 bin ich in den Männerchor gegangen. Das war erst schwierig, wieder reinzukommen, aber nach einem halben Jahr war ich gut integriert. Der Männerchor war für meine Entwicklung dann sehr ausschlaggebend. Dort wurde ich konsequent erzogen, wie man sich verhält als Mann, z.B. habe ich dort das Krawattebinden gelernt."

Bemerkenswert erscheint zunächst, dass allen Befragten zur Frage, was sie im Chor außer dem Singen lernen und erleben, spontan etwas einfiel. Die Antworten reichten je nach Altersstufe von Singen in Verbindung mit Tanzen, Lernen von Sprachen, Kennenlernen anderer Kulturen und Länder bis hin zu sozialen Kompetenzen wie Disziplin, mit anderen auskommen, ein eigenes Profil vertreten. Von einigen Jungen wurde berichtet, dass das Singen im Chor einen emotionalen Ausgleich und eine innere Stütze schafft. Gerade in der Pubertät bietet der Chor offensichtlich eine wichtige identitätsstiftende Funktion. Die hier befragten Jugendlichen waren sich bewußt, dass sie sich hierin von anderen Gleichaltrigen unterscheiden. Ein Junge führte seine guten schulischen Leistungen auch auf den Chor zurück.

Aus den Aussagen in den Interviews wurde insgesamt deutlich, dass eine Vielzahl von Erfahrungen und Kompetenzen über das Singen hinaus im Chor vermittelt werden, welche die Kinder und Jugendlichen selbst erleben und aktiv formulieren können.

Zu Frage 3: Wofür könnte Dir das Chorsingen nützlich sein?

Martha, 10 J.
„Ja, letztes Jahr in der 3. Klasse, da haben wir mal Mozart durchgenommen und da sollten wir auch Mozart-Lieder singen und da war es halt einfach toll, weil wir wußten ziemlich viel, da konnten wir auch

regelmäßig was sagen und andere, die wußten da nicht so viel und das war dann, also die haben natürlich was gelernt, aber ... auf jeden Fall hatten die da nicht so wirklich viel Erfahrung damit ... oder wenn wir Musikunterricht haben, da gibt es manche, die singen eher so in Richtung Keller sozusagen, sie brummen mehr, manche gibt es auch, die etwas höher singen, die machen dann eher schiefe Töne, es gibt auch ein paar, die singen nicht im Rhythmus oder ja ... auf jeden Fall ist es schon gut in der Schule, wenn man Chorerfahrung hat.“

Jonas, 14 J.
„Das merke ich schon jetzt, dass sich Chorsingen lohnt. Also es ist ein gutes Gefühl, hierher zu kommen, zu singen, mit anderen zusammen zu sein. Und dann, dass man dadurch auch einfach mal zu Hause singt und was anderes singt außer Klassik, ich weiß nicht, ich denk mal nicht, dass andere einfach so für sich zu Hause singen. Auch zu Hause für sich singen macht Spaß. Deswegen denke ich schon, dass ich da was mitnehmen kann, ’ne tolle Zeit.“

In diesem Interviewabschnitt wurde die Frage 2 auf Nützlichkeit hin präzisiert. Die Antworten ließen sich größtenteils nicht von den unter Frage 2 genannten unterscheiden. Die beiden oben zitierten Interviewausschnitte greifen den Aspekt der Schulbildung und des Singens im Alltag heraus. Martha schildert unbefangen und treffend die bei vielen Kindern heute anzutreffenden Stimmdefizite wie „Brummen“, eingeschränkten Stimmumfang, schlechte Intonation und mangelhaft ausgeprägtes Rhythmusgefühl.

Jonas weist auf den Transfer des Chorsingens in das Singen im Alltag hin.

Zu Frage 4: Würdest Du Deine Kinder auch in den Chor schicken?

Léo, 7 J.
„Ich hätte gerne Lust, wenn ich den Chor geleitet hätte und dann hätte ich Lust, wenn meine Kinder da auch wären, aber wenn sie keine Lust hätten, dann müßten sie ja auch nicht rein.“

Charlotte, 7 J.
„Man sollte früh in den Chor gehen, weil die Älteren, wenn sie ganz spät in den Chor kommen, z.B. so mit 14, dann können sie das einfach nicht mehr lernen, wenn man früh anfängt, geht das besser.“

Martha, 10 J.
„Ja, ich denke ich würde das auch machen, denn jetzt habe ich ja schon ziemlich viel Erfahrung und Singen macht halt ziemlich Spaß und man lernt auch ziemlich viel mit der Stimme. Ich würde meine Kinder da auch hinschicken. Ich müßte erstmal kennenlernen, welche Chöre da sind, aber ich glaube ich würde es machen."

Jakob, 12 J.
„Ja. Wenn meine Kinder jetzt sagen würden ‚gar nicht', würde ich sie nicht zwingen, aber ich fände das schon ganz gut."

Adrian, 14 J.
„Ja, auf jeden Fall. Das ist schon wichtig. Ich würde es auf jeden Fall mit meinen Kindern später mal machen."

Jonas, 14 J.
„Ich würde sagen, dass sich wieder mehr Jungs für den Chor interessieren sollen, weil das einfach was Tolles ist und wenn man das nicht so in der Kindheit lernt, bekommt man da auch so eine Distanz dazu und da findet man das dann gar nicht so toll, aber wenn man das als Kind lernt, hat man schon etwas mitbekommen für später und das ist eine gute Sache."

Erik, 24 J.
„Wenn es sich ergibt, dann würde ich meinen Sohn in den Hymnus schicken. Chorgesang halte ich schon für relativ wichtig."

Alle befragten Kinder und Jugendliche antworteten bei dieser Frage, dass sie das Chorsingen an die nächste Generation weitergeben würden. Dies zeigt deutlich, dass sich die Kinder und Jugendlichen mit dem Chorsingen stark identifizieren. Es ist anzunehmen, dass die Chorsänger von heute der Garant für die singenden Menschen von morgen sind. Auch über das Singen im Chor hinaus gehört für die hier Befragten Kinder und Jugendlichen Singen zum Leben dazu und nimmt seinen festen Platz ein.

Zusammenfassung

Die Ergebnisse unserer Interviewstudie lassen sich verschiedenen Entwicklungsbereichen zuordnen (Tab. 3). Die Aussagen der Kinder und Jugendlichen in den Interviews bestätigen die theoretisch beschreibbaren entwicklungsförderlichen Aspekte des Chorsingens.

Entwicklungsbereiche	**theoriegeleitet**	**Interview**
Wahrnehmung	Wahrnehmungs- und Konzentrationsschulung, Abgleich zwischen Selbst- und Fremdwahrnehmung	erhöhte Aufmerksamkeit und Konzentration im Vergleich zu Gleichaltrigen
Motorik	chorspezifisch unterschiedlich	Tanz
Spielen	„homo ludens“ (Schiller), hochentwickelte Form des Spiels	Chor wird als spielerisch erlebt, Spiele bei Freizeiten und Festen
Emotionale Entwicklung	emotionale Selbstentäußerung, Gruppengefühl, Kennenlernen von differenzierten Gefühlen	Singen macht Spaß und Freude, Singen als urmenschlicher Ausdruck (auch außerhalb des Chores)
Soziale Entwicklung	Gruppenerleben, „Ich bin Teil eines Ganzen“, Chor als Gemeinschaft mit Gruppennormen	zusammen sind wir stark, jeder hat seinen Platz, Schwächere werden unterstützt, Durchhaltevermögen, Disziplin, Ernsthaftigkeit
Kognitive Entwicklung	Sprachen, Gedächtnistraining	Sprachen, Leistungsbereitschaft

Tab. 3: Einflüsse des Chorsingens auf die Entwicklung im Kindes- und Jugendalter

Die Jugendlichen beschrieben in den Interviews, dass sie sich im Bereich der Konzentration, des Durchhaltevermögens und der Motorik durch das Chorsingen gefördert fühlen und sich dadurch Gleichaltrigen gegenüber als überlegen wahrnehmen.

Das Spiel steht sogar in einem leistungsorientierten Chor wie den Stuttgarter Hymnus-Chorknaben im Zentrum und wird durch das Erleben bei gemeinsamen Freizeiten und Konzertreisen stark unterstützt. Hier muß grundsätzlich einschränkend angemerkt werden, dass die Befragung eines einzigen Knabenchores durchaus nicht repräsentativ ist. Überhaupt fällt auf, dass in den Interviews unserer Studie ausschließlich positive Aussagen über das Chorsingen getroffen wurden, auch wenn diese aus der Interviewsituation heraus als durchaus authentisch zu beurteilen sind. Im negativen Fall wäre auch denkbar, dass zu große Anforderungen an Leistung und Disziplin im Chor Kinder und Jugendliche überfordern und einen aversiven Affekt gegenüber Chorsingen und Singen allgemein hervorrufen können.

In der emotionalen Entwicklung zeigt sich Singen als urmenschlich erlebbare Freude und Ausdrucksfähigkeit des Menschen. Von den hier befragten Kindern und Jugendlichen wurde besonders der Spaß am Singen sehr klar geäußert.

Eine besondere Stärke entwickelt das Chorsingen im Bereich der sozialen Entwicklung. Diese Dimension nahm neben dem Singen die Hauptkomponente in den Äußerungen der Kinder und Jugendlichen ein.

Auch die kognitive Entwicklung wird durch den Erwerb von Sprachkenntnissen sowohl verschiedener Fremdsprachen als auch der Musik als eigener Sprache gefördert.

Die Ergebnisse unserer Interviewstudie lassen sich gut mit denen von Clift und Hancox [1] in Einklang bringen. Stellt man die altersgemäßen Unterschiede in der Art der Selbstauskünfte in Rechnung, so zeigen sich doch gemeinsame Dimensionen der Erfahrungen im Chor, welche über das zentrale musikalische Erlebnis hinausgehen oder unmittelbar mit diesem verbunden sind. Im Mittelpunkt steht hierbei das Singen als soziales Erlebnis. Für unsere Kinder und Jugendlichen von heute bietet damit das Singen im Chor die Chance einer positiven Identitätsentwicklung, welche positives Selbsterleben in sensibler Abstimmung und gemeinsam mit anderen als Grunderfahrung integriert. Welche andere Aktivität kann dies heutigen Kindern und Jugendlichen noch bieten?

Literaturangaben

[1] Clift SM & Hancox G, 2001: The percieved benefits of singing : findings from the preliminary surveys of a university college choral society. The Journal of the Royal Society for the Promotion of Health 121(4): 248-256

[2] Spahn C, 2007: Singen und musizieren für die Gesundheit: Das Freiburger Institut für Musikermedizin. Tonkünstlerforum 66:2-6

Fremde Klänge und Gesänge Gesangstechniken und ihre Lernprozesse in außereuropäischen Kulturen

Maria Goeres

Einleitung

Obwohl vokale Ausdrucksmöglichkeiten der menschlichen Stimme weltweit derart vielfältig sind, findet die Untersuchung der Klangproduktion der Stimme in der Musikethnologie bisher kaum Beachtung. Die Gesangs*ausbildung* findet zwar in sozialer und pädagogischer, jedoch selten in gesangstechnischer Hinsicht Eingang in die wissenschaftliche Untersuchung außereuropäischer Kulturen. Im Hinblick auf ihre musikalischen, gesellschaftlichen und kulturellen Merkmale, werden vokale Genres hingegen umfassend dokumentiert.

Daraus resultiert, dass bisher keine generelle Typologie der Stimme als akustisches Phänomen existiert, gleichwohl aber Klassifizierungssysteme für Musikinstrumente, etwa von Hornbostel und Sachs [4]. In Zusammenarbeit mit dem *Centre National De La Recherche Scientifique* und dem *Musée De L'Homme* entstand 1996 zwar erstmals eine Anthologie der menschlichen Stimme, diese stellt bisher allerdings nur einen groben Überblick dar.[1]

Die klangliche als auch musikalische Beschreibung einer Stimme stellt sich angesichts der begrenzten terminologischen Möglichkeiten, die sich aus diesem wissenschaftlichen Versäumnis ergeben, problematisch dar. Das zeigt sich innerhalb so genannter „westlicher" Diskurse, aber vor allem in der Übertragung vertrauter, interner Kategorien auf andere Musikkulturen, die ihre eigenen Konzepte und Begrifflichkeiten haben [6].[2] Dieser Sachverhalt legt die Notwendigkeit nahe,

[1]Voices of the world. An Anthology of Vocal Expression (1996) CMX 374 1010/12, 3 CD's mit ausführlicher Dokumentation.

[2]Auch die Kategorie „westlich" ist nicht einheitlich zu betrachten, sondern dient hier als Überbegriff für den Konsens der Musikwissenschaften in Europa und den USA.

eine emische Perspektive einzunehmen [1].[3]

Der interdisziplinäre Kontext dieses Artikels verlangt nichtsdestotrotz die Verwendung westlicher musikalischer Terminologien in der Annäherung an Gesangstechniken und ihre Lernprozesse in Westafrika und Nordindien. Die folgenden Ausführungen sollen nicht zu Verallgemeinerungen verleiten, sondern einen kleinen Ausschnitt dessen bieten, was sich hinter den uns vertrauen musikalischen Grenzen verbergen kann. Im letzten Teil wird auf Integrationsmöglichkeiten ausgewählter Aspekte in die interkulturelle Musikerziehung eingegangen.

Gesangspraxis in Westafrika

Die Beispiele aus Westafrika und Nordindien zeichnen sich durch ihren Verzicht auf die Verschriftlichung von musikalischem Wissen aus. Im Unterschied zu einem Notationsverfahren, das vornehmlich visuell aufgenommen wird, sind in der oralen Überlieferung die akustische Wahrnehmung und körperliche Nachempfindung des Vorbildes maßgeblich.

Die Elemente, die eine orale Überlieferung im gesanglichen Lernprozess bestimmen, sind unterschiedlich. In Westafrika ist ein solches Element die Verknüpfung von Gesang mit Bewegung.

Verschiedene musikalische Bestandteile werden multisensorisch verinnerlicht und so auf den Bewegungsablauf und die entsprechenden Musikinstrumente verteilt, dass die unterschiedlichen Patterns sich in Rhythmus- oder Melodiemustern überlagern und ein musikalisches Ganzes bilden. So entsteht aus dem Zusammenwirken struktureller Elemente, von denen keines isoliert werden könnte, ein musikalisches Prinzip wie die Polyrhythmik [5]. Zugrunde liegt ein Elementarpuls, der als „Motor“ der Musik dient [2]. Infolge des musikalischen Ablaufes werden die einzelnen sich überlagernden Abschnitte zyklisch

[3] „Fremde“ oder im eigentlichen Sinne „nicht vertraute“ Musikkulturen sind auch solche, die sich als Subkulturen innerhalb vertrauter Grenzen befinden: „Als fremd erscheint uns nicht nur, was aus fernen Weltteilen zu uns kommt, sondern auch bei uns gibt es Fremdes, Befremdliches, Sperriges und nicht Approbiertes; und dies alles gibt es nicht nur bei uns, sondern (...) auch in uns, als Nicht-Integriertes, Abgespaltenes, Verdrängtes, das uns dann in Gestalt von nächtlichen Monstern entgegentritt, fremd, und doch auf widersprüchliche Weise zu uns gehörend.“ [8], S.132

wiederholt, jedoch nicht zeitlich gemessen, wie in westlichen Musikkulturen üblich. Das musikalische Moment *selbst* wird zur Erfahrung, so dass die Zeitwahrnehmung nicht linear oder horizontal, sondern vertikal verläuft.

Auf die Frage, wie ein Kind in diesem Zusammenhang seine gesanglichen Fähigkeiten entwickelt, gibt es mehrere Antworten. In den Worten des Musikwissenschaftlers Nzewi ist das „wichtigste Prinzip in der (afrikanischen) Musikpädagogik [...] die Ermutigung gemeinschaftlichen Wissens über Musik durch Teilhabe an ihren Prozessen; diese führt zur Entdeckung besonderer Fähigkeiten." [9], [7]. Und weiter argumentiert er, dass „[...] nicht nur die syntaktischen Strukturen der Musik erlernt (werden), sondern zugleich [...] auch ihre gesellschaftlich-kulturellen Bedeutungen und Gehalte" [9], [7].

Abgesehen von wenigen Ausnahmen ist Musik deshalb ein Gemeinschaftserlebnis. Bezogen auf die orale Weitergabe von Musik, stellt gerade das musikalische Stilelement des Wechselgesangs, auch als *Call and Response* bezeichnet, eine besondere Lernsituation dar. Pädagogisch betrachtet sind die Korrekturmöglichkeiten hier flexibel. In der unmittelbaren Nachahmung und einem akustischen Feedback, lernen Kinder, eigenständig zu verbessern. Es gibt beiderseitig gleichberechtigte Rollen im integrativen Lernprozess, die sich gegenseitig prinzipiell ermutigen, anstatt zu korrigieren. Ein wünschenswerter Nebeneffekt des *Call and Response* ist zudem, dass die Stimme infolge der permanenten Wechsel zwischen den Sängern weniger belastet wird.

Lernprozess der Griots

Ein weiteres von Nzewi erwähntes Prinzip, ist die Ausbildung zu Berufsmusikern und Spezialisten wie den *Griot* oder *Jeli*, die seit dem 13. Jahrhundert in manchen Teilen Afrikas wichtige gesellschaftliche Funktionen als Erzähler, moralische Instanz oder Entertainer erfüllen [7]. Sie gehören bestimmten Familien oder Kasten an, mit denen ein spezieller Status einhergeht, der den künftigen Griot schon im Kindesalter von seinen Altersgenossen deutlich abhebt ([3], S.173). Ihre Verantwortung als Bewahrer eines umfangreichen kulturellen Wissens ist besonderer Art, da der Erhalt und die Erweiterung der Standards sowie des Repertoires ohne Notation erfolgen.

Das Kind beginnt im Alter zwischen zwei und vier Jahren bestimmte Wertvorstellungen zu lernen und nimmt, indem es Zeremonien und Konzerten lauscht, zunächst den durch seine Umwelt herangetragenen Klang auf. Zu einem fokussierten Training, das in der Regel durch ein gleichgeschlechtliches Elternteil erfolgt, gehört das Erlernen eines oder mehrerer Musikinstrumente ([3], S.187). Vor allem weibliche Griots erreichen nach einigen Jahren einen Bekanntheitsgrad, der nationale Grenzen überschreitet. Verbreitet ist unter heranwachsenden Griots deshalb zunehmend das Lernen durch auditive oder visuelle Medien aus dem Entertainment-Bereich ([3], S.183). Dieses Phänomen ist auch im Westen vorzugsweise unter Jugendlichen bekannt.

Die Gesangstechnik der Griots wird durch Kontext und Funktion einer Darbietung bestimmt. Eine Präsentation findet üblicherweise unter freiem Himmel und meist ohne akustische Verstärkung statt. Die Textinhalte des vorwiegend einstimmigen Gesangs stehen im Vordergrund. Die stimmtechnischen Voraussetzungen für die Vermittlung der Worte sind Prägnanz, Präsenz und Dynamik, sowie tragende Anteile der Stimme.

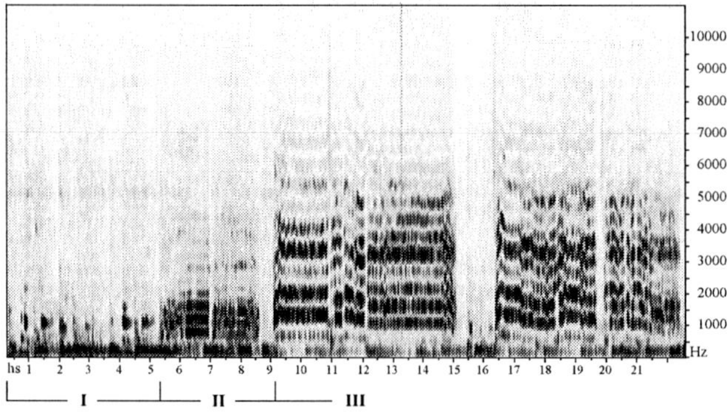

Abb. 1: Sonogramm des Liedes *Tabara* von *Kondé Kouyaté*, Ausschnitt von Beginn bis 0:22 min.

Diese Eigenschaften treffen beispielsweise auf die Stimme der Griotte *Kondé Kouyaté* aus Kankan (Guinea) zu. In erster Linie nutzt *Kondé* die tragenden Komponenten ihrer Stimme über die Resonanzräume des Nasenrachenraums. Das Sonogramm (Abbildung 1) einer Aufnahme aus dem Jahre 1952[4] zeigt in Abschnitt I die Kora, eine 21saitige Harfenlaute, sowie die akustischen Charakteristika *Kondés* Gesangs, der bei Abschnitt II beginnt und bei III dynamischer einsetzt. An den voneinander getrennten schwarzen Linien, die jeweils die einzelnen Frequenzanteile der Stimme abbilden, ist deutlich erkennbar, dass kein Atemgeräusch in ihrer Stimme vorhanden ist. Die Formanten befinden sich zwischen 1000 und 5000 Hz, mit der höchsten Intensität bei etwa 1500 und 3500 Hz, sichtbar an der stärkeren Schwärzung. An der Wellenform mit geringer Amplitude zeigt sich zudem ein Vibrato, dass sich innerhalb von Mikrointervallen bewegt.

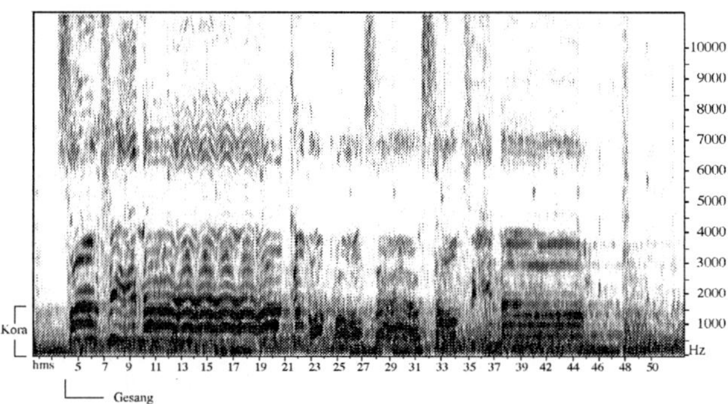

Abb. 2: Sonogramm des Liedes *San Barana* von *Kandia Kouyaté*, Ausschnitt von 4:31 bis 4:36 min.

Der Vergleich mit einer Aufnahme aus dem Jahre 2002[5] der Sängerin *Kandia Kouyaté* aus Mali weist ganz andere Merkmale auf, die eher untypisch sind für eine *Jelismuso*. Obwohl auch bei Kandia Funktion und Kontext des Singens ähnlich sind, nutzt sie im Gegensatz zu *Kondé* ihre Nasenresonanzräume nur bedingt. Ihr Stimmansatz liegt hinten im Rachenraum. Als „rau“ und manchmal auch als „soulig“ wird der Klangcharakter ihrer Stimme im Westen beschrieben. Ihr koloraturhafter Gesang, der womöglich auf den Einfluss arabischer

[4] Kondé Kouyaté In: Guinea. Music of the Mandinka (1999) Tabara, aufgenommen 1952 von Gilbert Rouget, Track 4; Voices of the world. An Anthology of Vocal Expression (1996) II.1

[5] Kandia Kouyaté Biriko (2002) San Barana Track 1

Musik im Norden Afrikas zurückzuführen ist, erinnert an das andalusische *Cante Hondo.* Das Sonogramm in Abbildung 2 lässt erkennen, dass die Frequenzanteile hier nicht so klar voneinander zu trennen sind wie bei Abbildung 1. Die grau gefärbten Bereiche zwischen den Formanten sind auf Atemgeräusche im Stimmklang *Kandias* zurückzuführen. Die für eine tragende Stimme charakteristischen Formanten zwischen 2000 und 4000 Hz sind schwach ausgeprägt. Nur im Bereich zwischen 1000 und 2000 Hz sind deutliche Formanten vorhanden. Um ihrer Stimme dennoch Dynamik zu verleihen, schiebt sie ihr Brustregister durch Druck „nach oben."

Es lässt sich nur mutmaßen, ob der Unterschied der Stimmtechniken beider Frauen auch auf die jeweiligen Ausbildungssituationen zurückzuführen ist. Während *Kondé* den Gesang regulär innerhalb ihres Familiensystems erlernte, war der Vater *Kandias* gegen eine Laufbahn seiner Tochter als Musikerin. Aus diesem Grund lernte sie überwiegend autodidaktisch und musste häufig leise üben, damit ihr Vater nichts davon mitbekam.

Mit Sicherheit ist ihre Stimmtechnik jedoch in erster Linie das Ergebnis eines musikalischen Stilelements. Ihre Intention, die Inhalte, zu denen auch tabuisierte politische Wahrheiten gehören, dominant, konfrontierend und mit einem großen emotionalen Anteil zu äußern, prägen den Klangcharakter ihrer Stimme ganz entscheidend.

Dhrupad Gesang der āgar in Nordindien

Die Professionelle Ausbildung durch mündliche Überlieferung ist auch in Indien weit verbreitet. *Dhrupad*, eine ursprünglich spirituelle Musikform, die in Nordindien praktiziert wird, zählt heute zu den zahlreichen Kunstmusikgenres Indiens und den ältesten vokalen des Landes [11]. Die Komplexität des *dhrupad* Gesangs zeichnet sich durch die Verbindung mehrerer Aspekte aus, von strukturellen bis hin zu ideologischen.

Im *dhrupad* sind mindestens vier Stile bekannt, die jeweils fast ausschließlich an *männliche* Familienmitglieder weitergegeben werden ([11], S.42, 95f). Lediglich einer dieser vier Stile, der *āgar gharānā*, ist Gegenstand der Ausführungen.

Ein *dhrupad* Sänger sitzt beim Singen grundsätzlich im Schneidersitz und üblicherweise auf dem Fußboden. Während er singt, führt er mit seinen Armen und Händen charakteristische Bewegungen aus, sein aufrechter Oberkörper bleibt dabei weitgehend ruhig. Sein Gesang wird durch einen Bordun- oder Liegeton begleitet, zum Beispiel durch das obertonreiche Saiteninstrument *tānpūrā*, welches er unter Umständen auch selbst spielt. Der schwebende Klang dient seiner Stimme als Referenz und ist als solche unverzichtbar. Mit der Zeit entwickelt der *dhrupad* Schüler in seinem Gesang jene Obertöne, die im Klang der *tānpūrā* vorherrschen.

Ein gesungener *rāga* hat für westliche Ohren einen zunächst ungewohnten Charakter. Im *dhrupad* Gesang werden Töne nicht als Punkte wahrgenommen, die der Sänger ansingt. Vielmehr handelt es sich um fließende Wesenseinheiten mit endlosen Nuancen.

Oft werden die melodischen „Schlenker“ vor allem im Westen als Ornamente missverstanden, obwohl es sich dabei um die rāga-eigene Melodie handelt. Die Ornamentierung selbst ist hingegen so diffizil, dass sie ohne trainierte Hörgewohnheiten kaum wahrgenommen werden kann. Sie unterliegt mikrotonalen Veränderungen und einem Klangkonzept, das man mit dem Begriff *Mehrdimensionalität* umschreiben könnte.

Das bedeutet, ein Sänger ist in der Lage, den Klang durch Veränderung des Stimmsitzes durch alle verfügbaren Resonanzräume wandern zu lassen. Dabei visualisiert er die entsprechenden Körperbereiche und verlagert die Schwerpunkte seines Körpergewichtes, ein Vorgang der nach außen hin kaum sichtbar ist. Dadurch entsteht neben der Melodie ein eigenständiges Ausdrucksmittel.

Die Intonation spielt für den gesanglichen Ausdruck eine zentrale Rolle. Eine außerordentliche Präzision verlangt das Singen von Mikrotönen (*śrutis*), die der Sänger beherrschen muss, und der Obertonreichtum des *dhrupad* Gesangs. Mit Intonation sind im *dhrupad* jedoch nicht nur die Parameter Tonhöhe, Dynamik und Klangfarbe gemeint, sondern sämtliche Ausdrucksweisen und Bedeutungsgrade eines Tons ([11], S.8, 126).

Die Klangproduktion des *dhrupad* der *āgar* basiert auf dem *nāda* yoga, dem „Yoga des Klangs.“ Der Lernprozess erfordert das Verlagern der Klangquelle in verschiedene Körperbereiche. Das Ziel ist eine einheitliche Schwingung, die in den Worten des Sängers *Ashish Sankrityayan*, unter anderem Schüler bei *Farīduddīn* und *Fahīmuddīn āgar*, „eine resonante Stimme produziert, die von tief innen kommt und das ganze Wesen des Sängers zu durchdringen scheint."[6]

Der Schüler soll eine Gesangstechnik entwickeln, die seine Stimme möglichst geringen Belastungen aussetzt. Eine Stimme, die frei von Druckmustern ist, gehört sowohl zum Klangideal, als auch zum praktischen Nutzen, wenn eine Darbietung mehrere Stunden dauert. Allgemein beginnt ein Lernprozess der *āgar* entweder mit der essentiellen Arbeit am Klang oder dem Erlernen eines zur Begleitung geeigneten Saiteninstrumentes wie der *tānpurā*. Den idealen Stimmklang zu entwickeln, bedeutet für den Schüler in einem späteren Stadium auch die Herausbildung seiner neuschöpferischen Fähigkeiten. Er soll in der Lage sein, den Stil des entsprechenden *dhrupad* Systems für jedes beliebige Repertoire zu rekreieren ([11], S.130ff).

Der Unterricht besteht in der ersten Phase aus Stimmübungen, die den Umfang der Stimme erweitern, die Intonationsfähigkeit fördern und auf eine mühelose Verwendung der Skalen abzielt. Die zweite Phase des Lernprozesses beinhaltet in der Regel vertiefende Übungen und das Erlernen einer kleinen Anzahl von Basiskompositionen und *rāga*. Zunächst wird überwiegend der Vokal A gesungen, in einer Weise die weder „nasal" noch „kehlig" klingen sollte ([11], S.126). Eine elementare Übung, die den Sänger sein Leben lang begleiten wird, heisst *mandra sāddhanā*. Jeden Tag um etwa vier Uhr morgens vor Sonnenaufgang wird sie ein bis zwei Stunden praktiziert, weil sie zu einer frühen Tageszeit stimmtechnisch am einfachsten umzusetzen ist. Der tiefste Ton, den der *dhrupad* Sänger ohne Anstrengung erreichen kann, bei ausgebildeten männlichen Sängern meist das Kontra C oder B im Strohbassbereich, wird kontinuierlich gehalten. Ziel der Übung ist die Erweiterung des Stimmumfangs und Stabilisierung der Stimme.

Weitere Übungen basieren auf *sargam*, den Solmisationssilben (*sā re ga ma pa dha ni*) des klassischen indischen Tonsystems. Abbildung 3 zeigt, auf welche Weise dieses mit der europäischen C-Dur Skala in Bezug gesetzt werden kann. In der Praxis entsprechen sich die

[6] Übersetzung eines Zitats aus einem Vortrag vom 2.12.2006 an der UDK Berlin.

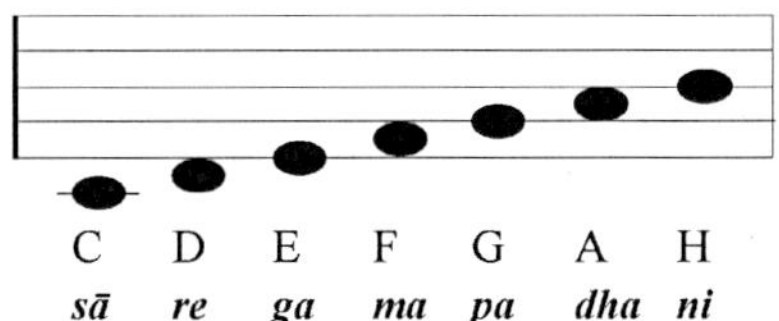

Abb. 3: Solmisationssilben des klassischen indischen Tonsystems im Bezug zur europäischen C-Dur-Skala.

Tonstufen nicht exakt, da dieselbe Stufe der Tonleiter (*svara*) im indischen Musiksystem je nach *rāga* unterschiedlich intoniert werden und bis zu einem Halbton abweichen kann. So ergeben sich für jeden *svara* bis zu sieben mikrotonale Stufen einer Tonhöhe. Der Grundton eines männlichen Sängers liegt je nach stimmlicher Voraussetzung bei C (*sā*), der einer Sängerin bei G (*pa*). Übungen, bei denen innerhalb einer Oktave, die Skala auf- und absteigend, eine kleine melodische Formel gesungen wird, sind zum Beispiel solche, in denen alle Kombinationsmöglichkeiten für zwei oder mehr Töne in mathematisch exakter Reihenfolge aus dem Gedächtnis heraus nacheinander gesungen werden (Tabelle siehe Abbildung 4).

2 Töne	3 Töne		
sā re	sā re ga	re sā ga	x Kombinationsmöglichkeiten
re sā	sā ga re	re ga sā	
	ga sā re	ga re sā	

Abb. 4: Beispiel für Kombinationsmöglichkeiten für zwei oder mehr Töne.

Dhrupad Gesang zu erlernen ist eine Lebensaufgabe. Das liegt daran, dass der klassische Lernprozess mehr umfasst, als eine rein musikalische Ausbildung und zudem streng rituell strukturiert ist. Der Unterricht wird selten finanziell entlohnt, deshalb bietet der Schüler seinem Meister Gegenleistungen an, in Form von Unterstützung bei der Bewältigung täglicher Aufgaben ([11], S.104, 128f). Eine Tradierung erfolgt in der Regel vom Vater an den Sohn und beginnt im Alter von zwei bis drei Jahren mit etwa drei Stunden Unterricht pro Tag. Im Alter von acht Jahren wird ein Schüler unter Umständen bereits 12 Stunden am Tag *dhrupad* praktizieren. Teil der Ausbildung sind etwaige rituelle und religiöse Handlungen, die Distanz und Respekt zum Meister, aber auch eine starke Bindung schaffen. Aufgrund der Altersstrukturen indischer Familien ist es selten, dass ein Schüler über einen langen Zeitraum (mindestens 20 Jahre) bei demselben Lehrer unterrichtet werden kann. Aus diesem Grund ist es nicht unüblich, dass ein Schüler seinen Lehrer mehrmals wechselt. Dieser kann gegebenenfalls auch der eigene ältere Bruder sein ([11], S.130). Eine weitere Möglichkeit des Erlernens bieten offizielle *dhrupad* Schulen, von denen in Nordindien heute noch drei existieren. Hier werden kleinere Gruppen von Mädchen und Jungen von morgens bis abends nach einem strengen Zeitplan unterrichtet, der durch wöchentlichen Einzelunterricht pro Schüler ergänzt wird.

Mit der Ausweitung *dhrupads* zu einem Konzertgenre und seiner internationalen Präsenz haben sich diese strengen Reglements seit den 50ern stetig gelockert. *Dhrupad* kann seitdem außerhalb der Familiensysteme und auch von Frauen erlernt werden. Seit den 90er Jahren wird *dhrupad* fast ausschließlich außerhalb Indiens unterrichtet, oftmals auf Kosten der didaktischen Differenziertheit, die ein klassisches Unterrichtssystem auszeichnet. Schüler, die sich einer Ausbildung in vollem Umfang unterziehen, gibt es inzwischen kaum noch [11].

Ziele der interkulturellen Musikerziehung

Auf der Grundlage der Erkenntnis, dass immer eine „Vernetzung zwischen Musik und sozialem System oder sozialen Erfahrungen“ besteht und diese einen hohen Stellenwert für menschliche Gesellschaften hat, entwickelten sich Ansätze zu einer interkulturellen Musikerziehung. Eines der Ziele ist nach Volker Schütz die Prägung eines neuen Kulturbegriffes [10]. Der interkulturelle Umgang mit Musik richtet sich gegen eine evolutionistische Reduktion unvertrauter musikalischer Ausdrucksmittel und ihre Gleichsetzung mit „Folklore“. Musikbezogene Normen und Werte werden als historisch und wandelbar betrachtet, nicht als universell und überzeitlich. Die Selbstreflexion und differenzierte Betrachtung begreift Kultur somit als einen konstanten und kontinuierlichen Prozess der Konstruktion von Bedeutungen, in Abhängigkeit von sozialen Erfahrungen.

Integrationsmöglichkeiten für die Musikpädagogik in Europa

Um mögliche Bedeutungen der aufgeführten Beispiele aus Westafrika und Nordindien für die Musikpädagogik Europas zu verdeutlichen, geht es noch einmal um den Unterschied zwischen der schriftlichen und oralen Überlieferung von Musik. Eine der Methoden ihrer Vorzüge zu berauben, wäre ebenso wenig sinnvoll, wie ihre pädagogischen Gefahren zu ignorieren. Schließlich kommt es in der interkulturellen Musikerziehung auf die Reihenfolge und Art der Umsetzung beider Möglichkeiten an. Die orale Überlieferung sollte nicht mit der „Papageienmethode" verwechselt und der Formlosigkeit bezichtigt werden. Das Beispiel *dhrupad* zeigt, dass eine schriftlose Musikkultur in höchstem Maße kodifiziert und systematisiert sein kann. Ebenso hinterfragen Musikwissenschaftler den unbedachten Vorwurf des Verlustes der Natürlichkeit und Verfälschung von Lernprozessen gegenüber Notationsverfahren [9]. Dennoch besteht Einigkeit darüber, dass der Prozess des Notierens immer ein Prozess der Reduktion ist. Eine schriftlose Weitergabe erfolgt dagegen direkt vom nicht reduzierten Vorbild. Der Vorteil dabei ist, dass der Schüler nur dann in der Lage ist, den erforderlichen Richtlinien auf den Grund zu gehen, wenn er seine Kreativität nutzt, sich Fehler erlaubt und ausprobiert. Gleichzeitig wird er herausgefordert, eigenständig zu lernen.

Neben dieser Fähigkeit lehren pädagogische Aspekte der aufgeführten Beispiele aus Westafrika die Verknüpfung von Gesang, Bewegung und sozialen Prozessen [10].[7] Durch die körperliche, emotionale und kognitive Durchdringung jedes strukturellen Details wird ein musikalisches Körpergedächtnis angelegt, das vergleichbar ist mit einer Partitur. Eine stimmliche Aktivität kann nicht erfolgen, ohne dass mehrere Kanäle (Hören, Sehen, Bewegung und Stimme) gleichzeitig aktiv sind. Die bewusste Wahrnehmung dieser Körperebenen unterstützt die tiefe Verankerung des musikalischen Erlebnisses im Körpergedächtnis und „bewirkt (letztlich) die Beherrschung des gesamten Repertoires [...], die Fähigkeit zum spontanen, kollektiven und situationsbezogenen Improvisieren (und) ein anderes Konzept von Verfügung über das Gelernte [...], dass sozusagen auch inwendig beherrscht (wird)."[8].

[7] Ein Vorgang, der auch Kindern in Europa in so genannten Singtänzen oder -spielen vertraut ist.

Musik, die auf diese Weise erlernt wurde, ist auch über einen großen Zeitraum hinweg noch abrufbar, ohne dass sie geübt oder gar notiert werden musste.

Nicht zuletzt stellt sich über die Körperwahrnehmung eine Bewusstheit für die physiologischen Voraussetzungen ein, die gezielt genutzt werden kann, um Spannungen und Blockaden zu lösen, die sich zwar auf die Stimme auswirken, aber rein stimmtechnisch nicht transformierbar sind.

Ein weiterer Aspekt der mündlichen Überlieferung, charakteristisch für den *dhrupad* Gesang, ist die Intensivierung der akustischen Wahrnehmungs- und Imaginationsfähigkeit. Das bedeutet, die didaktischen Methoden führen zu einer Sensibilisierung für akustische Vorgänge, mit welcher differenzierte Feinheiten im Klang erfasst werden können, die sich durch eine stimmliche Genauigkeit und Flexibilität bezahlt machen. Möglich ist das aber nur, wenn der Sänger mit seinem körperlichen und emotionalen Fühlen verbunden ist. Im *dhrupad* gilt die innerliche Entfaltung oder Imagination eines Tons, bevor er hörbar wird, als Voraussetzung des Singens und das „Singen mit Herz“[8] als Schlüssel zur Authentizität. Die Stimmtechnik steht also letztlich in direkter Verbindung mit der Intention eines Sängers, die zur eigentlichen „Belebung“ des Gesangs beiträgt und seine Wirkungsbereiche mitbestimmt, wie etwa das Beispiel der Sängerin Kandia Kouyaté gezeigt hat. Dieser elementare Aspekt, den nahezu jede Gesangsform für sich beansprucht, bedarf allerdings weiterer Untersuchungen.

Literaturangaben

[1] Baumann P (1993) Emics and Etics in Ethnomusicology. The World of Music 35(1):1-95

[2] Dauer A M (1983) Kinesis und Katharsis. In: Simon A (Hrsg) Musik in Afrika. Museum für Völkerkunde, Staatliche Museen Preußischer Kulturbesitz, S 166-186

[3] Hale T A (1999) Griots and Griottes – masters of words and music. Indiana University Press, Bloomington

[8] pyār se lagao (jeden Ton mit Herz singen), Konzept der Dāgar zur Ästhetik des Singens.

[4] Hornbostel E M v, Sachs C (1914) Systematik der Musikinstrumente. Ein Versuch. Zeitschrift für Ethnologie 46(4-5):553-590

[5] Konaté F, Ott T (1997) Rhythmen und Lieder aus Guinea. Mit CD. Lugert-Verlag Oldershausen, S 29-49

[6] Merriam A (1964) The Anthropology of Music. Northwestern University Press, Evanston, S 17

[7] Nzewi M (1997) Teaching and Learning in African Cultures. In: Bahr J und Schütz V (Hrsg): Musikunterricht heute 2:16-34

[8] Ott T (1998) Unsere fremde Musik. Zur Erfahrung des „Anderen“ im Musikunterricht. In: Pfeffer M (Hrsg) Systematische Musikpädagogik. Augsburg/Wißner, S 132-152

[9] Ott T (2000) Zurück zur Papageienmethode? Was kann unsere Musikpädagogik von einer schriftlosen Musik-Kultur lernen? In: Terhag J (Hrsg), Populäre Musik und Pädagogik 3, Lugert-Verlag Oldershausen, S 22-33

[10] Schütz V (1997) Interkulturelle Musikerziehung. Vom Umgang mit dem Fremden als Weg zum Eigenen. Musik und Bildung 5:4-8

[11] Widdes D R, Sanyal R (2004) Dhrupad. Tradition and performance in Indian music. Aldershot, London/AshgateCadar H (1985) Context and style in the vocal music of Muranao in Mindanao, Philipines. University Research Center, MindanaoBlacking J (1995) How musical is man? University of Washington Press, Seattle/LondonNketia J H K (1975) Musikerziehung in Afrika und im Westen. Musik und Bildung 1:7-11Park E-H (2001) Die Bedeutung westlicher Musik für die Musik und die Musikerziehung in Südkorea. Univ. Dissertation, MünsterSchütz V (1996) Singpraxis in Schwarzafrika. Musik in der Schule 4:170-174

[12] Cadar H (1985) Context and style in the vocal music of Muranao in Mindanao, Philipines. University Research Center, Mindanao

[13] Blacking J (1995) How musical is man? University of Washington Press, Seattle/London

[14] Diehr A (2000) Wir verstehen uns doch - oder? Gesang im interkulturellen Kontext. In: Musik und Bildung 5:8-13

[15] Nketia J H K (1975) Musikerziehung in Afrika und im Westen. Musik und Bildung

1:7-11

[16] Park E-H (2001) Die Bedeutung westlicher Musik für die Musik und die Musikerziehung in Südkorea. Univ. Dissertation, Münster

[17] Schütz V (1996) Singpraxis in Schwarzafrika. Musik in der Schule 4:170-174

[18] Tietje M (2000) Kinder am Werk. Tradierte Singtänze in der Türkei. Musikethnologie 4, Lit Verlag, Münster

[19] Wade B C (1998) Imaging sound. An ethnomusicological study of music, art, and culture in Mughal India. University Of Chicago Press, Chicago

Anmerkungen zur Knaben- und männlichen Falsettstimme und der Besonderheit des Kastratengesangs

BERNHARD RICHTER

unter Mitarbeit von Ann-Christine Mecke und Johan Sundberg

Einleitung

Knabenchöre haben eine lange Tradition und sind im heutigen Musikleben immer noch ein nicht wegzudenkender fester Bestandteil. Ein besonderes Faszinosum ist dabei der Klang der Knabenstimme, dem häufig reine, ja überirdisch engelsgleiche Spektren attribuiert werden [7]. Adjektive wie: klar, kristallen, brillant werden häufig verwendet. Die Klangfarbe der singende Knabenstimmen ist „im Grunde, wenn wir überhaupt die verschiedenen Stimmen mit Farben vergleichen dürfen, ganz hellblau mit Silberglanz", formulierte Elise Polko einmal [8].

Wie verhält es sich jedoch klanglich mit den anderen hochsingenden Männerstimmen, den Falsettisten und früher den Kastraten und in welchem Zusammenhang stehen deren physiologische und gesangstechnische Besonderheiten mit der Gesangstechnik und der Physiologie der Knabenstimmen? Zu diesen Fragen sollen im vorliegenden Beitrag einige Aspekte zusammengetragen werden.

Allgemeine Stimmphysiologie unter besonderer Betrachtung der Knabenstimme

Im kindlichen Kehlkopf sind die Stimmlippen kurz, und das Kehlkopfskelett ist weich. Im Laufe der Entwicklung vom Säugling zum Kind und vom Kind zum Erwachsenen kommt es zu einer charakteristischen Abwärtsbewegung der Position des Kehlkopfes, wie es in Abbildung 1 schematisch dargestellt ist.

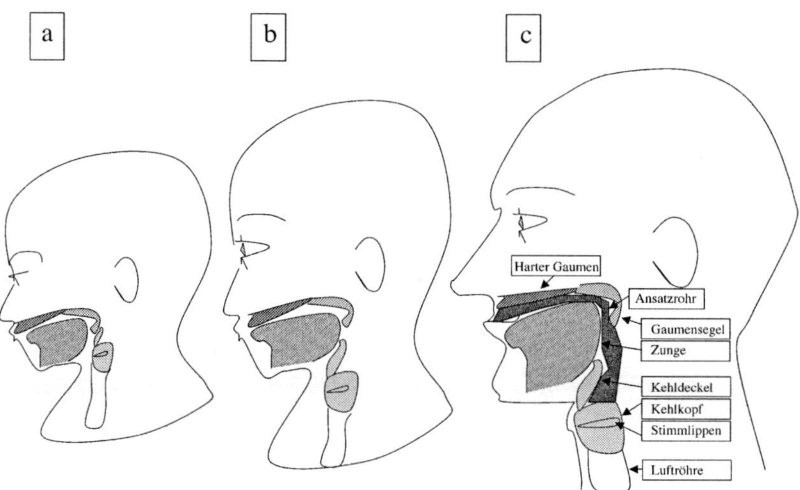

Abb. 1: Schematische Darstellung der Kehlkopfposition und der Ansatzräume in drei verschiedenen Entwicklungsstufen: Konfiguration a.) beim Säugling, b.) beim Schulkind und c.) beim Erwachsenen.

Beim Säugling steht der Kehlkopf so hoch, dass der Kehldeckel hinter dem Zäpfchen des weichen Gaumens positioniert ist (Abb. 1a). Der Säugling kann durch diese Hochstellung des Kehlkopfes gleichzeitig schlucken und atmen. Dies ist eine entscheidende Voraussetzung für den Saugvorgang an der mütterlichen Brust. Bei Schulkindern ist der Kehlkopf zwar schon abgesunken, jedoch ist der Kehldeckel bei der Inspektion des Mundes und des Rachenraumes von vorne häufig noch gut zu sehen (Abb. 1b). Beim Erwachsenen senkt sich der Kehlkopf so weit ab, dass der Kehldeckel nur mehr indirekt, z.B. mit einem Kehlkopfspiegel o.ä. zu sehen ist (Abb. 1c). Dies hat natürlich auch direkte Auswirkungen auf die Konfiguration des Ansatzrohres und damit auf den Klang der Stimme in den verschiedenen Lebensaltern. Kinder singen hoch, der Stimmklang ist hell und klar. Da das Ansatzrohr bei Mädchen und Jungen sehr ähnlich konfiguriert ist, gilt dies sowohl für Mädchen wie auch für Knabenstimmen. Ausgebildete Stimmen von Mädchen und Knaben lassen sich nicht leicht unterscheiden, wie Versuche von David Howard zeigen konnten [6]. Erst in der Pubertät kommt es zu einem raschen Wachstum des Kehlkopfes und der Stimmlippen, welches bei jungen Frauen und Männern deutlich unterschiedlich verläuft und damit auch zu deutlich verschiedenen Stimmklangergebnissen führt. Diese Entwicklung wird durch die vermehrte Produktion der Sexualhormone und hier insbesondere des männlichen Testosterons vermittelt. Fuchs konnte den Zusammenhang zwischen der Testosteronkonzentration und der stimmlichen Veränderung bei Knabenstimmen in der Mutation eindrucksvoll belegen [1]. Die mittlere Sprechstimmlage bei den Knabenstimmen senkt sich etwa um eine Oktave [5], die der Mädchen etwa um eine Terz ab [9], wenn man jeweils Kinder und Erwachsene der beiden Geschlechter miteinander vergleicht. Zusätzlich zu den bisher beschriebenen anatomischen und physiologischen Grundlagen können die vorhandenen Strukturen des Kehlkopfes sowohl bei Kindern als auch bei Erwachsenen in verschiedenen Registern zum Klingen gebracht werden. Dabei ist die Definition des Begriffes Register sehr schwierig und bisher uneinheitlich, wie eine Übersichtsarbeit von Henrich kürzlich ausführlich darstellen konnte [3]. Grundsätzlich herrscht in der Fachliteratur jedoch Einigkeit darüber, dass bei Männerstimmen ein tiefes Register – meist als Brust- oder Modalregister bezeichnet – und ein hohes Register – meist als Falsett bezeichnet – voneinander unterschieden werden können. Henrich und Mitarbeiter schlagen zur Vereinheitlichung und Vereinfachung der Terminologie für das tiefe Register den Begriff Mechanismus I und für das hohe Register Mechanismus II vor [4]. Diese verschiedenen laryngealen Schwingungsmuster lassen sich aktuell mit Hilfe der Hochgeschwindigkeitsglottographie sehr gut darstellen (Abb. 2).

Falsettisten (Contratenöre, Altus)

Im Falsett singende Männer benutzen physiologisch die normale männliche Kehlkopfkonfiguration, die jedem Mann zur Verfügung steht. Jeder Laie ist in der Lage diese Töne zu produzieren, auch wenn der so entstehende Stimmklang nicht bei jedem Mann gleich schön klingt und gesellschaftlich heute oft als weibisch oder homosexuell attribuiert wird. Dies war nicht immer so: falsettierende Männer waren in der Kirchenmusik in den letzten Jahrhunderten ein integraler Bestandteil der chorischen Aufführungspraxis. Im vierstimmigen

a.) akustisches Signal

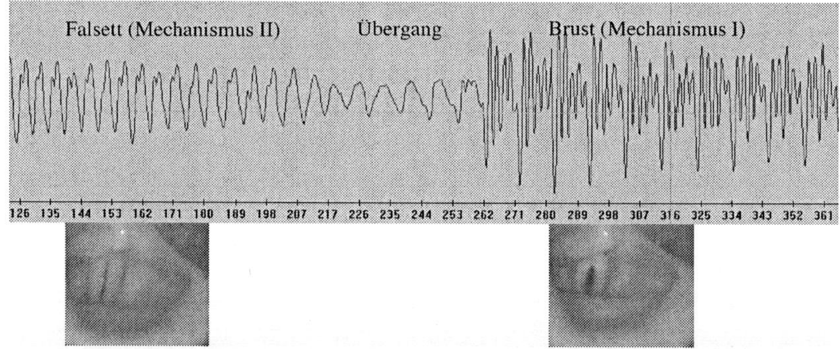

b.) Kymogramm

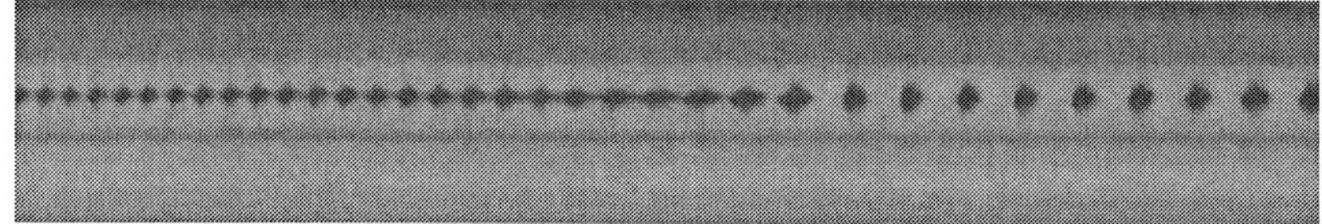

Abb. 2: Darstellung mittels Hochgeschwindigkeitsglottographie (Kamera: HS-ENDOCAM 5560 der Fa. Wolf) einer untrainierten männlichen Stimme im Falsett- und Brustregister a.) akustisches Signal, b.) Kymographische Darstellung

polyphonen Satz sangen sie eine höher gelagerte Gegenstimme zur liturgisch bedeutsamen – da textvermittelnden – Melodiestimme (dem Tenor[1]) und wurden deswegen als „Contra tenor altus[2]“ bezeichnet. Deswegen werden männliche Falsettisten synonym verkürzt auch als „Altus“ oder „Contratenöre“ bezeichnet. Zeitweise wurden sie in den italienischen Kirchen von den Kastraten verdrängt, sie waren jedoch in der englischen Kathedralchortradition immer präsent. Als Solisten traten sie teilweise in der „Opera seria“ auf, verschwanden im 19. Jahrhundert jedoch weitgehend von der Opernbühne und erlebten, beginnend mit Alfred Deller, als Opernsolisten ab der Mitte des 20. Jahrhunderts eine Renaissance. Heute genießen Contratenöre eine große Beliebtheit und Anerkennung, man denke nur an Sänger wie

[1] (von lat. tenere = halten)
[2] (von lat. altus = hoch)

René Jacobs, Derek Lee Regin, Andreas Scholl oder Kai Wessel. Sie singen hauptsächlich im Mechanismus II und versuchen, den Klang dabei möglichst rund und ohne Schärfe in der Höhe zu gestalten. Im Vergleich zu Knabenstimmen zeigen sie klare klangliche Unterschiede, wie Tonaufnahmen mit Sebastian Henning und René Jacobs (Stabat Mater von G.B. Pergolesi, Harmonia Mundi) oder Matthias Echternach und Paul Esswood (Kantate 172 von J.S. Bach, Teldec (Warner)) deutlich hörbar machen. Der Stimmklang ist voller, obertonreicher und zeigt ein größeres Vibrato. Der Unterschied zu tiefen Mezzosopranistinnen wie z.B. Marilyn Horne, Sarah Mingardo oder Bernarda Fink zu Sängern wie Michael Chance oder Andreas Scholl ist ohne Kenntnis, ob hier eine Frau oder ein Mann singt, wesentlich schwieriger, wie Hörversuche mit dem Publikum des Vortrages zeigten.

Kastraten

Im heutigen Bewußtsein ist die Gesangskunst der Kastraten zumeist etwas Exotisches, Irreales und längst Vergangenes. Die Welt der Kastraten scheint aus heutiger Perspektive eine historische Kuriosität zu sein, obwohl die Ära der Kastraten keineswegs nur eine kurze, vorübergehende Modeerscheinung darstellte, sondern von den ersten Anfängen der Oper zu Beginn des 17. Jahrhunderts bis weit in das 19 Jahrhundert reichte – also einen Zeitraum von mehr als 250 Jahren umfasste. Heute ist die Grausamkeit, jährlich tausende Knaben aus ästhetischen und religiösen Gründen einer Kastration zuzuführen, kaum begreiflich. Zurück geht diese Praxis wohl auf das fälschlich verabsolutierte Pauluswort, dass die Frau in der Kirche zu schweigen habe („Mulier taceat in ecclesia...“); so sind in der Sixtinischen Kapelle zu Rom Sängerkastraten seit ca. 1550 nachweisbar. Die Kastratensänger waren in der Folge insbesondere in Italien, aber auch in England, Teilen Deutschlands und in Spanien weit verbreitet und beliebt.

Bei der Kastration wurden die männlichen Keimdrüsen außer Funktion gesetzt und damit die Produktion des männlichen Geschlechtshormons Testosteron weitgehend unterbunden. Dies hatte physiologisch zur Folge, dass die oben beschriebenen Reifungsvorgänge im Kehlkopf

Abb. 3: Zeitgenössische Karrikatur der Sängerin Faustina Bordoni und des Kastraten Senesino

vermutlich nicht vollständig abliefen. Obwohl es nur wenige anatomische Studien über Kehlköpfe von Kastraten gibt, ist davon auszugehen, dass die Kehlköpfe eher einem kindlichen oder jugendlichen als einem erwachsenen männlichen Kehlkopf in Form, Beschaffenheit und Größe ähnelten (vgl. Review bei Mecke [7]). Neben dem kleineren Kehlkopf hatten die Kastraten jedoch – bedingt durch den Testosteronmangel – zusätzlich ein überschießendes Körperwachstum mit vergrößerten Brustkörben und damit auch größeren Lungenvolumina. Anhand der zeitgenössischen bildlichen Darstellungen, insbesondere auch der Karikaturen, wird dies besonders deutlich (Abb. 3), die in einer historischen Darstellung die Sängerin Faustina Bordoni zusammen mit dem Lieblingskastratensänger Händels, Senesino, zeigt.

Der Hals des Sängers scheint von seinen Abmessungen her in dieser und anderen bildlichen Darstellungen von Kastraten eher dem eines erwachsenen Mannes zu gleichen. Man kann also physiologisch hinsichtlich der Larynx-/Pharynx-Konfiguration zwei Gegebenheiten annehmen: 1. kleiner Kehlkopf, 2. Ansatzrohr eines Erwachsenen. Dies legt nahe, dass man für eine künstliche Klangsynthese, die zum Ziel hat eine Kastratenstimme zu imitieren, eine Knabenstimme mit den Klangeigenschaften eines männlichen Ansatzrohres mischen sollte.

Leider haben wir keine aussagefähigen Tonaufnahmen von Kastratensängern zur Verfügung, die uns dabei helfen könnten, diese Annahme zu bestätigen. Die einzige bisher bekannte Aufnahme stammt vom Beginn des 20. Jahrhunderts. Diese Aufnahme mit Alessandro Moreschi ist sowohl von der Aufnahmequalität – und damit auch der klanglichen Beurteilbarkeit – als auch von der sängerischen Stilistik im Hinblick auf einen Vergleich mit den Kastratensängern der Barockzeit unbefriedigend. In der Aufnahme fehlen technisch bedingt die höheren Frequenzen, die zur Beurteilung und technischen Analyse, ob und in welchem Ausmaße ein Sängerformant vorgelegen hat, wichtig wären. Man ist also in der Frage, wie die Stimmen wohl geklungen haben mögen auf zusätzliche, andere Informationsquellen angewiesen. In der – ob ihrer Materialfülle noch immer verbindlichen – Monographie von Franz Haböck sind zahlreiche Zeugnisse von Hörern zusammengetragen, welche die Kastraten selbst in ihrer Hochzeit gehört haben. Das Urteil dieser Zeitgenossen war dabei so unterschiedlich wie – leider – unpräzise, sie werden jedoch überwiegend als „hell", „stark" und „durchdringend" bezeichnet [2].

Stilistisch versuchen sich heutige Sänger im Sinne der historisch orientierten Aufführungspraxis der Ornamentik und dem Stimmklang der Kastratenära zu nähern, wie aktuelle Aufnahmen z.B. von Carolyn Sampson und Robin Blaze (G.F. Händel: Duette f. Sopran u. Altus – aus den Grossen Oratorien, Bis), Cecilia Bartoli (Das Vivaldi Album, Decca) oder Vivica Genaux (Arien für Farinelli, Harmonia Mundi) zeigen.

Um die oben erwähnte Annahme zu überprüfen, dass eine Knabenstimme in Kombination mit dem Anatzrohr eines erwachsenen Sängers, eine gewisse Ähnlichkeit mit einer Kastratenstimme erzeugen kann, hat unsere Arbeitsgruppe (Ann-Christine Mecke, Johan Sundberg und Bernhard Richter) einen virtuellen Kastraten computertechnisch in verschiedenen Vokaltraktkonfigurationen hergestellt (Tenor, Bariton, Bass und Musicalsänger). Diese wurden Experten zum Rating vorgelegt. Die 11 Experten wurden gebeten einzuschätzen, in

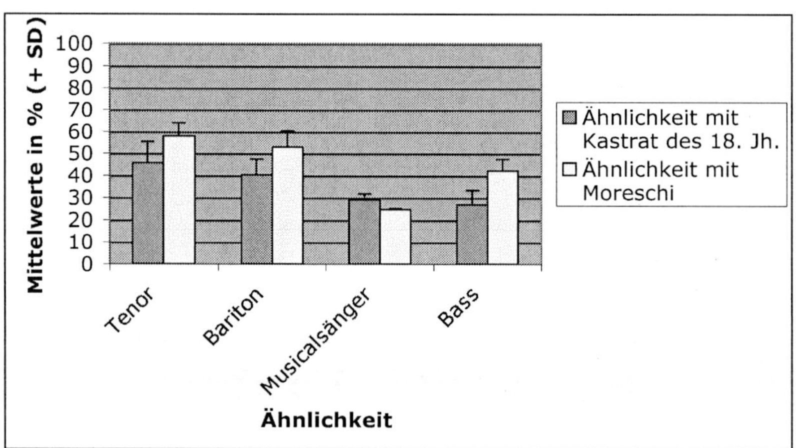

Abb. 4: Mittelwertdarstellung der Expertenurteile hinsichtlich der Ähnlichkeit der virtuell erzeugten Stimmen (4 verschiedene Vokaltraktkonfigurationen) und den Stimmen der Kastraten

welchem Ausmaß die virtuell erzeugten Aufnahmen ihrer Einschätzung nach einem Kastraten des 18. Jahrhunderts oder der Stimme Moreschis ähneln. Die Experten gaben die höchsten Werte sowohl hinsichtlich der Ähnlichkeit mit einem Kastraten des 18. Jahrhunderts als auch mit der Stimme Moreschis bei der Kombination aus Knabenstimme und akustischer Vokaltraktkonfiguration eines Tenors an (vgl. Abb. 4).

Obwohl die virtuell erzeugten Aufnahmen sicherlich noch weit vom historischen Originalklang der Kastraten entfernt sind, beinhalten sie nach den vorliegenden Ergebnissen Klangelemente, die nach Einschätzung der Experten wahrscheinlich auch in den Kastratenstimmen enthalten waren. Die Frage, wie die Kastraten geklungen haben mögen, ist nicht mehr mit letzter Sicherheit zu beantworten. Klangsynthesen, wie die vorgestellte, können jedoch dazu beitragen, das Phänomen des Kastratengesangs retrospektiv klanglich besser zu verstehen.

Literaturangaben

[1] Fuchs M. (1997) Methoden der Frühdiagnostik des Eintrittszeitpunktes der Mutation bei Knabenstimmen. Untersuchungen bei Sängern des Thomanerchores Leipzig. Dissertation, Leipzig

[2] Haböck, F. (1927) Die Kastraten und ihre Gesangskunst. Deutsche Verlagsanstalt, Berlin u. Leipzig

[3] Henrich N. (2006) Mirroring the voice from Garcia to the present day: some insights into singing voice registers. Logoped Phoniatr Vocol. 31(1):3-14.

[4] Henrich N., D'Alessandro C., Doval B., Castellengo M. (2004) On the use of the derivative of electroglottographic signals for characterization of nonpathological phonation. J Acoust Soc Am. 115(3):1321-32

[5] Hollien H., Green R., Massey K. (1994) Longitudinal research on adolesencent voice changes in males. JASA 96: 2646-2654

[6] Howard D., Szymanski J., Welch G. (2002) Listener perception of English cathedral girl and boy choristers. Music perception 20, 35-49

[7] Mecke A.-C. (2007) Mutantenstadl – Der Stimmwechsel und die deutsche Chorpraxis im 18. und 19. Jahrhundert. Wissenschaftlicher Verlag Berlin

[8] Polko E. (1877) Vom Gesange. Johann Ambrosius Barth, Leipzig

[9] Vuorenskoski V., Lenk H.L., Tjerlund P., Vuorenskoski L., Perkeentupa J. (1978) Fundamental voice frequency during normal and abnormal growth, and after androgen treatment. Arch. Diseas Child 53: 201-209

Alte Musik: Eine Neuheit für junge Stimmen

Harry van der Kamp

Der platonische Gedanke, das Studium von Harmonie und Rhythmus führe zu einer friedlichen Existenz[1], findet seine Erfüllung zum größten Teil in einer Musikgattung, die sich im 16. Jahrhundert als eine Art Zusammenfassung der bis dahin in der Musik vorhandenen Ausdrucksformen ausbildet: dem Madrigal. Wohl ein Jahrhundert lang (1530-1630) war es der Leuchtturm, an dem man sich zu orientieren hatte. Das Madrigal wurde als wichtigste Gattung an allen italienischen Musikakademien gelehrt und galt als Prüfungsarbeit für Kompositionsstudenten. So absolvierte beispielsweise Heinrich Schütz sein Studium bei Giovanni Gabrieli. Dieses Labor der musikpoetischen Experimente hat die Welt in fast allen später geschaffenen Musikschöpfungen bereichert. Das Madrigal äußerte sich grundsätzlich in einer Muttersprache (anfangs Italienisch, später auch andere Sprachen z.B. Englisch, Deutsch) und nicht mehr nur in der lateinischen Sprache, die in kirchlichen und literarischen Kreisen gepflegt wurde. Dadurch konnte sich seine Musik sowohl bei den Ausführenden als auch bei den Zuhörern direkt auf das Wort und die Dichtung beziehen und dadurch den Texten inhaltliche Unterstützung und Ausdruck verleihen. Im Zusammenhang mit den auf u.a. Quintilian[2] basierenden rhetorischen Regeln wurde ein madrigalischer Stil entwickelt, der zur Geburt der Oper führte und auch andere vokal-instrumentale Gattungen (Sololied, Kantate usw.) weitgehend beeinflusst hat. Sogar rein instrumentale Werke wollen doch eine Geschichte erzählen, eine imaginäre Sprache illustrieren: Man denke an eine symphonische Dichtung. Daher ist die ganze Geschichte der westlichen Musik von dem Motto *Prima le parole poi la musica* (erst die Worte, dann die Musik) durchzogen.

Aus dieser Feststellung leitet sich ab, dass eine Gesangserziehung ohne die Kenntnis des Repertoires an Madrigalen nicht denkbar ist.

[1] Im damaligen Griechenland gab es in Athen, wo intensiv musiziert wurde, Frieden. Im amusischen Sparta gab es Krieg.

[2] Marcus Fabius Quintilianus (ca. 35-96). Seine wichtigste Arbeit ist *Institutio oratoria* (ca. 95), das später im 16.-18. Jahrhundert als Vorlage für die musikalische Rhetorik galt.

In der Blütezeit des Madrigals wurden etwa 2.000 Madrigalbücher und -anthologien veröffentlicht. Es stehen also dem heutigen lernbeflissenen Sänger mindestens 50.000 Madrigale zur Verfügung, ein Reichtum, der kaum zu Langeweile führen kann. Das gilt insbesondere, als dass sich das Madrigal im Laufe der Zeit von der *Prima Prattica* (des ersten, alten polyphonen Stils, auch Stile Antico genannt) in die *Seconda Prattica*, die zweite, neue homophone Praxis, *Stile Moderno*, und danach bis ins barocke vom basso continuo begleitete (Solo-)Madrigal entwickelt hat. Aber weil es sich in erster Linie um unbegleitete, also rein vokale Werke handelt, kann sich der Sänger aus dieser *mer a boire* eine möglichst breite, solide Grundlage bauen, die ihm in jeglicher späteren gesanglichen und musikalischen Spezialisierung hervorragende Dienste leistet.

Was bildet diese Grundlage?

1. Das unbegleitete Madrigal ist eine Konstruktion nach literarischem Model. Das literarische Madrigal ist eine freie aus elf- und siebensilbigen Zeilen zusammengestellte Form, kommt aber merkwürdigerweise in der musikalischen Madrigalliteratur viel weniger vor als z.B. das Sonett. Allem voran ist das Petrarkische Sonett in der Entstehungsgeschichte des Madrigals die wichtigste Vorlage gewesen. Viele Petrarkisten, Dichter des 16. Jahrhunderts (der Kardinal und Poet Pietro Bembo war der Initiator dieser Bewegung) haben in Nachfolge von Francesco Petrarca (1304-1374) zur Gattung beigetragen. Auch Torquato Tasso (1544-1595), Giovanni Battista Guarini (1538-1612), Giambattista Marino (1569-1625) und Ludovico Ariosto (1474-1533) drückten dem musikalischen Madrigal ihren Stempel auf. Madrigalsänger bekommen also eine grundlegende Einführung in die Weltliteratur und können erst mit dem interpretierenden Singen des Madrigals anfangen, nachdem sie sich den Inhalt eigen gemacht haben.

2. Die Mehrstimmigkeit des Madrigals (am häufigsten kommt 2- bis 6-Stimmigkeit vor) zwingt den Madrigalsänger, die Bewegung des (Text)-Rhythmus mit den Sängerkollegen abzustimmen. Im 16. Jahrhundert wurden Madrigale nur in Stimmen veröffentlicht, nicht als Partitur. Man hatte also nur die eigene Stimme vor sich und war bei der Aufführung der Werke von

seinen Ohren abhängig. Tempo, Rhythmus, Dynamik, Tonhöhe, improvisierte Ornamente und Diminutionen hat man gegenseitig vorgesungen und nachgeahmt. Heutzutage mag man Madrigale aus modernen Partiturausgaben singen, man lasse dabei die alte Praxis, aus Stimmen zu singen, nicht aus dem Auge. So werden höchste Flexibilität und die Fähigkeit und die Freude am Reagieren erworben.

3. Es versteht sich, dass das Madrigalsingen ohne Dirigent gepflegt wird. Alle Sänger haben ihre eigene Verantwortung, singen ihre eigene Melodie, können zu jeder Zeit initiativreich werden, beziehungsweise in das Tempo, die Dynamik usw. eingreifen, wie es ihnen richtig erscheint. Man übt dadurch die Partitureinsicht, bekommt einen größeren Überblick und ist dadurch in der Lage, Phrasen und Verbände klarer zu gestalten. Das Üben soll selbstverständlich unter sachverständiger Leitung stattfinden.

4. In unserer Zeit leben wir intonatorisch mit der gleichschwebend temperierten Stimmung wie sie uns z.B. vom modernen Klavier angeboten wird. In diesem System sind alle Halbtonabstände gleich, wodurch eigentlich nur schwebende Harmonien zustande kommen können. Im 16. Jahrhundert wurde mit mehreren ungleich schwebenden Instrumentalstimmungen experimentiert, im Streben nach strahlenden, resonierenden, ja reinen, im idealen Falle beglückenden Harmonien. Für Sänger ist dabei wichtig zu bedenken, dass Intervallreinheit hörbar – oder wenn man will – spürbar ist, indem keine Schwingung mehr wahrnehmbar ist. Reine Oktaven, Quinten und Quarten gehören zur täglichen Kost des Sängers; reine Terzen sollten es eigentlich auch sein. Die Terzenreinheit (Mitteltonstimmung) hat strickt genommen Konsequenzen für die Reinheit der Quinte und Quarte, kann aber bei fleißigem Üben durchaus erfolgreich zustande gebracht werden. Am besten lässt man sich von einer mitteltönig gestimmten Orgel den Weg weisen und seine Töne mit dem Orgelton verschmelzen. Man braucht für dieses Hörstudium absolute Ruhe und Konzentration, weil unsere modernen Ohren doch einigermaßen „geschunden“ worden sind von allen gleichschwebenden, und davon leider häufig abweichenden, dann orientierungslosen, Tönen. Weil alle Tonschrit-

> te gleich sind, hat man in der gleichschwebend temperierten Stimmung nichts woran man sich orientieren kann. In nichtgleichschwebenden Systemen wird man größeren und kleineren (Halb-)Tonschritten gewahr, und ist man demzufolge gezwungen, bewusster zu intonieren. Selbstverständlich muss der Sänger beim Singen zu jeder Zeit seine harmonische Funktion in der Harmonie kennen (Quinte, Quarte, Terz, Sekunde usw.). Dieses Wissen wird auch sein Tongedächtnis verbessern und seinen Gesang stabiler, leichter, ruhiger und ausdrucksvoller machen. Auch Harmonie ist eine Sprache, und zwar eine sehr expressive und farbige, vorausgesetzt, dass sie sauber oder sogar rein ist!

Leider wird im heutigen Gesangsunterricht das genaue Hören, die Feinabstimmung, die nur erreicht wird mit ruhiger Tongebung (*non vibrato*), zu wenig auf die Tagesordnung gesetzt. Persönlich bin ich überzeugt, dass das Madrigalsingen einen Sänger bei der Ausführung des Repertoires jeder Stilepoche treffsicherer macht. Denn was das saubere oder sogar reine Singen angeht, ist die Trefferquote auf Konzert- und Opernbühnen leider bedauerlich niedrig. Sänger sind sich allgemein der harmonischen Umgebung, in der sie sich beim Singen befinden, zu wenig bewusst. Das harmonische Singen, d.h. das Singen von Tönen, die in eine Harmonie passen – also im Grunde genommen *non-vibrato* gesungene Töne – wird nicht geübt, das melodische Singen dagegen so fleißig und meistens mit einem so übermäßigen Vibrato, dass die Musik darunter sehr leidet. Es wäre empfehlenswert, in diesem Bereich mehr Gleichgewicht zu schaffen. Ein Dauervibrato zu entwickeln, das zudem nicht unterdrückbar ist, bringt die Musik in Gefahr. Das Gleiche gilt übrigens für ein Dauer-*non-vibrato*. Die Kunst des *Non-Vibratos*, unentbehrlich im Madrigalsingen, wird noch immer zu wenig ernst genommen, obwohl gerade für diese Kunst eine so perfekte Atembeherrschung benötigt wird, dass das Singen an sich dadurch erheblich an Qualität gewinnt. Das Ziel ist letztendlich, dass man die Musik genießt und nicht nur eine Stimme. Die Musik steht im Dienste des Wortes, die Stimme im Dienste der Musik.

Einen besonderen pädagogischen Wert ist den zwei- und dreistimmigen Madrigalen zuzuschreiben. Sie wurden als Übungsstoff komponiert um später das große Werk anzufassen. Tatsächlich ist es leichter, in einer zwei- oder dreistimmigen Besetzung Oktaven und Quinten zu intonieren und im Ton zu bleiben, bzw. den Anfangston zu handhaben. In komplexerer Mehrstimmigkeit ist unter Umständen die Ursache der Unsauberkeit schwerer festzustellen. In Italien wurden zwischen 1531 und 1625 etwa fünfzehn zweistimmige Madrigalbücher veröffentlicht. Unter den Komponisten befinden sich auch der Herausgeber Girolamo Scotto mit zwei Sammlungen (1541-1559) und wahrscheinlich Antonio Gardano unter dem Pseudonym Gioan Paien mit einer Sammlung (1564). Diese Ausgaben müssen daher auch unter wirtschaftlichen Aspekten interessant gewesen sein. Der holländische Komponist Jan Pieterszoon Sweelinck (1562-1621) hat 1611 ebenfalls eine Sammlung *Rimes Françaises et Italiennes* publiziert. Diese „französische und italienische Reime“ sind wahrscheinlich das höchst virtuose Übungsmaterial für sein Lebenswerk gewesen: die Komposition der 150 Psalmen. Dieses Magnum Opus von Sweelinck ist als sein Beitrag zum geistlichen Madrigalrepertoire zu betrachten: die Choralmelodien des Genfer Psalter (1562) werden sehr wort-schildernd umsungen. Dazu wurde nicht nach modernen Mitteln gegriffen, aber es fanden noch unverkürzt die Kompositionsregeln von Gioseffo Zarlino (1517-1590), dem Theoretiker der *Prima Prattic*, Verwendung. Die *Rimes* sind auch heute noch hervorragende Übungen für (junge) Sänger(innen).

Musiker wie Claudio Monteverdi (Cremona, Venedig), der Initiator der *Seconda Prattica*, Luca Marenzio (Rom), Luzzasco Luzzaschi (Ferrara), Giaches De Wert (Mantua), Carlo Gesualdo da Venosa (Neapel), Sigismondo d'India (Palermo) und Domenico Mazzocchi (Rom) sind Vertreter des modernen Stils. Besonders die Musik der neapolitanischen Schule, geführt von Gesualdo, der kurz (1594-1596) bei Luzzaschi in Ferrara studiert hat, ist revolutionär zu nennen. Die von Gesualdo und seinen Nachfolgern entwickelten Ideen im Bezug auf Rhythmus, Harmonie und Phrasenbau sind in den folgenden Jahrhunderten eigentlich nicht übertroffen worden. Manchmal findet sich in diesem Stil sogar der Begriff der madrigalistischen Atonalität: Wenn im Text von *sconsonanze* (Missklängen) die Rede ist, verlieren die einzelnen Stimmen ihren harmonischen Zusammenhang und enden abrupt in einer Generalpause (Diego Personè: *Cantai lunga stagione*, 1626).

Das Ausklingen der Madrigaltradition kann man noch bei Alessandro Scarlatti, Giovanni Maria Bononcini, Antonio Lotti und Antonio Caldara verfolgen. Danach bleiben uns nur madrigalistische Tendenzen übrig (Wort-Musikverhältnisse), die in allen späteren Stilepochen immer wieder auftauchen.

Zusammenfassend kann festgestellt werden, dass das Madrigalsingen eine feste Basis für junge Sänger(innen) am Beginn Ihrer Ausbildung darstellt, auf die sie ihr künstlerisches Leben lang zurückgreifen können. Und das Wichtigste ist: Madrigalsingen wird das Singen erleichtern und das musikalische Endergebnis beglückend, beruhigend und stabilisierend wirken lassen.

Literaturangaben

[1] Schwindt N. In Italien und andernorts: Der madrigalische Gattungskomplex als neue Herausforderung im 16.Jahrhundert. In: Danuser H. „Musikalische Lyrik“, Handbuch der musikalischen Gattungen. Herausgegeben von Siegfried Mauser. Band 8, 1, 2004; Laaber-Verlag, S. 200-254.

[2] Cordes M. Nicola Vicentinos Enharmonik, Musik mit 31 Tönen. Herausgegeben von der Hochschule für Künste Bremen/ Akademie für Alte Musik, Akademische Druck- u. Verlagsanstalt Graz, 2007. Mit Hörbeispielen auf beiliegender CD (Gesang, Viola da Gamba, 2 Orgel).

[3] Gerardus de Swerts. Musurgia Rhetorica, VIII Teile. Prüfungsarbeit Köln, 1984

Ensemblesingen Alte Musik
Anpassungsfähigkeit und solistisches Profil

Nele Gramss

Ablauf, Struktur des Workshops

In diesem Workshop stand uns das junge Vokalensemble *chickpeas* zur Verfügung, das zurzeit aus 6 Schülerinnen besteht. Die Mädchen hatten von mir einige Stücke zur Vorbereitung bekommen und waren bereit, vor versammelter Zuhörerschaft der Workshopteilnehmer zu proben. Die Verbesserungsvorschläge und Wünsche kamen in diesem Fall von mir. Dabei beharrte ich vor allem auf Intonation, Balance und genauen gemeinsamen Einsätzen und Aussprache. Die künstlerischen Entscheidungen sollten letztendlich den Sängerinnen überlassen bleiben.

Experimentierfreudige Workshopteilnehmer hatten die Gelegenheit, sich selbst im Ensemblesingen zu versuchen. Zu diesem Zweck hatte ich einen englischen Kanon aus dem 17. Jahrhundert ausgewählt (Notenbeispiel 1). Um mehrere Leute zu beteiligen und gleichzeitig die Hemmschwelle zu senken, bildeten wir kleine Stimmgruppen. Bis auf eine Ausnahme, bei der wir eine solistische Besetzung ausprobierten, sangen die Teilnehmer zu zweit oder zu dritt in einer Stimme (der Kanon hat 3 Einsätze, wir hatten also Gruppen von 8-10 Sängern), jeweils nur Frauen oder nur Männer in einer Stimme.

Themen

Eine ganz basale Übung betrifft das *Beginnen ohne Dirigent*:

- ein Mitglied des Ensembles gibt den Anfangston mithilfe der Stimmgabel
- ein Mitglied gibt den Einsatz, bzw. die Gruppe versucht gemeinsam zu atmen und ein gemeinsames Tempo zu finden

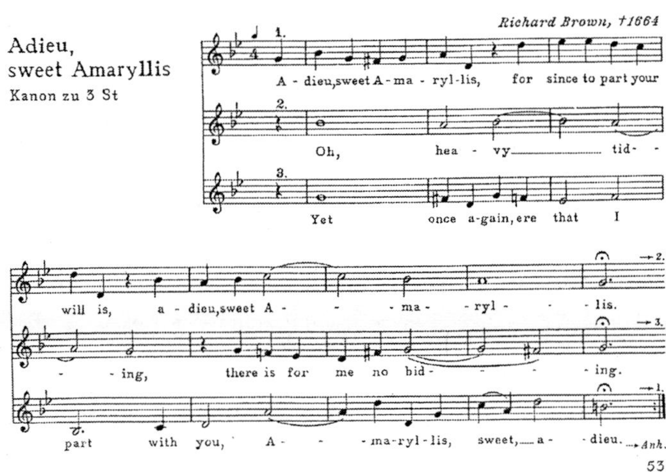

Notenbeispiel 1

Notenbeispiel 2

Folgende Punkte kamen während der *Arbeit an den Stücken* zur Sprache und wurden geübt:

1. natürlichen *Wortakzent* beachten: um einen plastischen Höreindruck zu vermitteln ist es sinnvoll, sich an der gesprochenen Sprache zu orientieren und starke und schwache Silben in die Musik zu übertragen. Innerhalb einer Phrase/eines Sinnabschnittes sollen die betonten Silben je nach Wichtigkeit zusätzlich unterschiedlich stark betont werden.

2. Text weiter ausschöpfen: z.B. ausgefallene Vokabeln (im Notenbeispiel 2 „Himmelsthron", „Lorienstauß" von franz. Laurier = Lorbeer) selbst verstehen, interpretieren und besonders gut aussprechen.

3. Harmonien untersuchen, *Dissonanzen* nicht verstecken sondern im Gegenteil hörbar machen: Dadurch findet sich die dynamische Form einer längeren Note häufig von selbst: die Entwicklung in eine Dissonanz verlangt ein crescendo (Notenbeispiel 1: das a' in Takt 3 wird zur Dissonanz mit b in Takt 4. Das c" in Takt 5 entwickelt sich zur Dissonanz mit d' in Takt 6).

4. Freiheiten im Tempo ausschöpfen: (Notenbeispiel 2: die Strophen können sich im Tempo unterscheiden). Im romantischen Repertoire (Notenbeispiel 3) notiert der Komponist dazu Vorschriften. In vorbarocker Musik müssen wir selbst passend zum Textinhalt Unterschiede anbringen.

5. Oktaven, Quinten und Terzen rein intonieren: weil sich die *Intonation* in der alten Musik grundsätzlich von der des 20. Jh. unterscheidet, ist ihr ein eigenes Kapitel gewidmet.

6. Bedeutsame Passagen etwas lauter, Füllstimme leiser singen: Der Sänger/die Sängerin soll selbst feststellen, wo die eigene Notenlinie besonders wichtig oder eher untergeordnet ist. Ein Ensemblesänger muss lernen, die Partitur zu überblicken, um seine eigene *Funktion* immer wieder einzuschätzen, wann er sich also in den Gesamtklang einfügen und wann er „hervortreten" soll. Besonders wichtig sind Themenköpfe (im Notenbeispiel 2 führt die 3. Stimme Takt 4 mit „bist mir stets?" ein neues Thema ein, das dann von der 1. Stimme imitiert wird), Teile eines

Notenbeispiel 3

Notenbeispiel 3

cantus firmus (Melodie, die nicht unbedingt in der Oberstimme liegt, oft als Zitat gebraucht), wichtige Worte, interessante harmonische Wendungen (Notenbeispiel 1 der Farbwechsel durch den abwechselnden Gebrauch von fis und f bei „once again ere ...“ Takt 2, 3. Stimme und „there is for me no?“ Takt 5/6 in der 2. Stimme), um einige Beispiele zu nennen.

Ein Ensemble das ohne Dirigent arbeitet, sollte noch andere Punkte beachten:

7. Stimmen aneinander anpassen, Balance in der Lautstärke herstellen: Normalerweise werden sich Sänger zusammenschließen, deren Stimmen im Timbre und Stil zueinander passen. Trotzdem ist es nötig sich „zusammenzusingen“ und darauf zu achten, dass keine der Stimmen generell zu laut oder zu leise ist.

8. Wer einen gut verschmelzenden Ensembleklang anstrebt, muss lernen, ein großes *Vibrato* zu vermeiden. Eine eingehende Beschäftigung mit schwebungsfreien Zusammenklängen ist nur auf der Basis von vibratoarmem Singen sinnvoll.

9. *Vokalfärbungen* anpassen: Häufig sind unterschiedlich geformte Vokale der Grund, warum ein Akkord nicht gut harmoniert.

10. Die dynamische Bandbreite soll voll ausgeschöpft werden. Im Unterschied zum Chor aber, bei dem es im piano nicht wichtig ist, wie die einzelne Stimme klingt, müssen die Sänger im solistisch besetzten Ensemble darauf achten, dass ihre Stimme noch einen gewissen Kern behält.

11. Die Toleranz bei *Intonation*strübungen ist geringer als im Chor oder beim solistischen Singen. Das betrifft auch die zeitgleiche und gleichartige Aussprache der Konsonanten. Beides muss im Vokalensemble genauer geprobt werden, weil kleine Abweichungen stark auffallen.

12. Es ist klug, ab und zu eine Probe aufzuzeichnen und das Ergebnis zu kontrollieren. Ein kompetenter Zuhörer, der Kommentare abgeben darf, erfüllt denselben Zweck auf direktere Weise.

Intonation

Erstrebenswert beim A-cappella-Singen (ohne Instrumente) ist es, möglichst viele reine Akkorde zu intonieren. Dadurch erzielen wir einen runden, satten, ruhigen, beglückenden Klang.

Intervalle sind rein, wenn die Frequenzen in einem einfachen ganzzahligen Schwingungsverhältnis zueinander stehen, abgeleitet aus der Obertonreihe (1:2 Oktave, 2:3 Quinte etc.). Intervall kann sowohl Abstand zwischen Tönen als auch Zusammenklang bedeuten, was man aus dem Zusammenhang entnehmen kann.

Rein intonierbare konsonante Zusammenklänge sind große und kleine Terzen, Quinten und Oktaven (da mehrere ihrer Obertöne übereinstimmen) und die daraus gebildeten Akkorde.

Rein bedeutet in diesem Fall nicht dasselbe wie sauber, sondern „den Gegebenheiten der Naturtonreihe entsprechend“. Als sauber kann man die Intonation empfinden, die mit dem Klavier übereinstimmt. Im Klavier („gleichschwebende“ Stimmung) sind jedoch nur die Oktaven rein gestimmt, weitere reine Intervalle sind in diesem System nicht vorgesehen. Wenn wir also nicht nur sauber sondern rein singen und hören wollen, können wir uns an der Intonation des Klaviers nicht orientieren.

Exkurs in die Geschichte:

Die Meister der Renaissance rechneten mit dem *Hexacord* (Sechstonsystem), das seit Guido von Arezzo (11. Jh.) die Basis für das Singen von Ein- und Mehrstimmigkeit war.

Ut - re - mi - fa - sol - la hießen die Tonsilben einer aufsteigenden Tonleiter, ähnlich wie wir heute Töne c-d-e-f-g-a nennen. Die Tonhöhe war aber nicht absolut, sondern transponierbar (verschiebbar). Wenn eine Melodie den Sechstonraum überschritt oder ein alterierter Ton (mit Vorzeichen # oder b) auftauchte, wechselte man in ein benachbartes *Hexacord*.

Die *Intervalle* zwischen den Solmisationstönen (ut re mi usw.) sind aus der Naturtonreihe, und zwar bezogen auf den Grundton ut, konstruiert. Es ergeben sich folgende Unterschiede zu unserem heutigen gleichschwebenden System, bei dem die Oktave in 1200 Cent (12 Halbtöne zu je 100 Cent) eingeteilt ist:

- Der Schritt ut - re ist um 4 Cent (c) größer als ein moderner Ganzton.
- Der Schritt re - mi ist um 18 c kleiner als ein moderner Ganzton.
- mi - fa ist um 12 c größer als ein moderner Halbton.
- fa - sol ist wieder ein großer Ganzton,
- sol - la ein kleiner Ganzton.

Das bedeutet weiter:

- Die reine Quinte ut - sol ist um 2c (4-18+12+4) größer als die moderne.
- Die *reine* große Terz ut - mi ist um 14 c (4-18) kleiner, die *reine* kleine Terz mi -sol um 16 c (12+4) größer als ihre gleichschwebende Pendants.

Leider sind die Naturintervalle nicht für die gesamte Tonleiter innerhalb einer Oktave tauglich. Schon die Quinte re - la ist zu klein (sie hat im Unterschied zu ut - sol, der reinen Quinte, einen kleinen anstelle eines großen Ganztons). In diesem Fall muss also flexibel ausgeglichen werden. Die Sonderrolle des Basses deutet sich hier bereits an (s.u.).

In der Praxis wirkt sich das aus wie folgt:

tiefer als gewohnt sind

- e (als reine Durterz zu c),
- h (reine Durterz zu g) und
- fis (reine Durterz zu d).

Sofern man sich in C/G/D- Dur bewegt, gilt dies auch für die anderen Töne, bei denen ein # vorgezeichnet ist. Leittöne sind also tief und der Schritt zum Zielton (h zu c, fis zu g) muss darum bewusst groß gesungen werden.

höher als gewohnt sind

- c (als reine Mollterz zu a),
- f (als reine Mollterz zu d),
- b (als reine Mollterz zu g) und
- es (als reine Mollterz zu c).

Weiter gilt das im Prinzip auch für alle anderen Töne, denen ein *b* vorgezeichnet ist.

Auch hier soll sich also der Sänger seiner *Funktion* (s. Punkt 6), diesmal in harmonischer Hinsicht, bewusst sein.

Differenzierung: Als Grundton eines B-Dur-Akkords wird ein b *nicht* deutlich höher intoniert. Hier komme ich auf die *Rolle des Basses* zu sprechen. Der soll seine Quart- und Quintsprünge am mitteltönigen System orientieren, das zur Stimmung von Tasteninstrumenten angewendet wird. Das Problem der Unmöglichkeit einer durchgehend reinen Stimmung wird in diesem System so gelöst, dass alle vorhandenen Quinten zu klein und dadurch die Quarten zu groß sind, die Dur*terzen* sind in diesem System *rein.* (Brauchbare Literatur hierüber und Stimmanleitungen für Tasteninstrumente findet man im Internet unter dem Stichwort „mitteltönig“.) Würde der Bass lauter reine Quint- und Quartsprünge singen, könnte es geschehen, dass das Stück nicht mehr in der Ausgangstonart endet. Letztendlich geht es ja nicht um die reine horizontale Linienführung sondern um die reinen Zusammenklänge.

Zum Training des Gehörs und zur Gewöhnung an reine Zusammenklänge kann man sich im Idealfall einer kleinen Orgel bedienen. Zu einem lang ausgehaltenen Instrumentalton versucht man lange ruhige Töne zu singen. Die Übung soll in der unten genannten Reihenfolge aufgebaut werden:

- Prime (derselbe Ton)
- Oktave
- Quinte
- Terz

Steht ein Streichinstrument zur Verfügung, stimmt man reine Quinten und intoniert Terzen zwischen diese.

Reine Zusammenklänge sind schwebungsfrei. Sie verschmelzen gut und klingen stabil und rund.

Literaturangaben

[1] Drabkin W, Hexacord, in: The New Grove Dictionary of Music and Musicians, Macmillan Puplishers Limited 1980

[2] Geller D, Praktische Intonationslehre für Instrumentalisten und Sänger, Bärenreiter 1997

[3] Hughes A, Solmization, in: The New Grove Dictionary of Music and Musicians, Macmillan Puplishers Limited 1980

[4] Lohr I, Solmisation und Kirchentonarten, Hug 1943

[5] Parker I R, Guido of Arezzo, in: The New Grove Dictionary of Music and Musicians, Macmillan Puplishers Limited 1980

Stimmspiele und weitere Wege zum klangvollen und selbstbewussten Singen in der Gruppe

Klaus Brecht

Dank an
Anna, Annegret, Carolin, Friederike, Gundula, Ira, Melina, Paula, Shajn

„Denn, um es endlich auf einmal herauszusagen,
der Mensch spielt nur, wo er in voller Bedeutung des Worts Mensch ist,
und er ist nur da ganz Mensch, wo er spielt.“

Friedrich Schiller
(Über die ästhetische Erziehung des Menschen, 15. Brief)

Stimmspiel

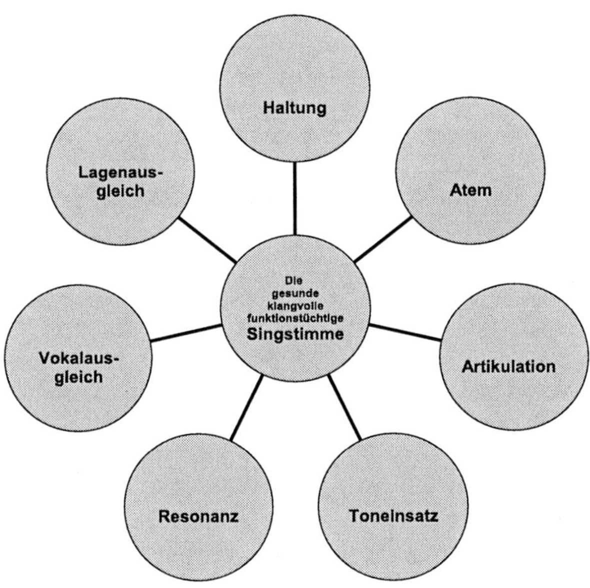

Hinter dem Begriff „Stimmspiel“ steht die Vernetzung von Stimmtraining, dessen klassische Felder in der ersten Abbildung gezeigt werden, und der Erarbeitung sowie phantasievollen, methodisch-abwechslungsreichen Einstudierung des Liedrepertoires, das mit Sorgfalt speziell für die jeweilige Singgruppe ausgesucht wird.

Im Idealfall sind bei den Stimmspielen alle Faktoren des Stimmtrainings gleichwertig berücksichtigt und die beiden Ebenen Stimmtraining und spielerische Umsetzung gut vernetzt. Dann kann sich daraus ein für alle spannender musikalischer Prozess entwickeln.

Umgangsmässsiges Singen

Der etwas sperrige Begriff „umgangsmässiges Singen“ ist vielleicht am besten über den Begriff „Breitensport“ erklärbar, wobei die Grenzen zum leistungsorientierten Singen – sei es im Ensemble, Chor oder auch solistisch (Parallelbegriff „Leistungssport“) – durchaus fließend sein können.

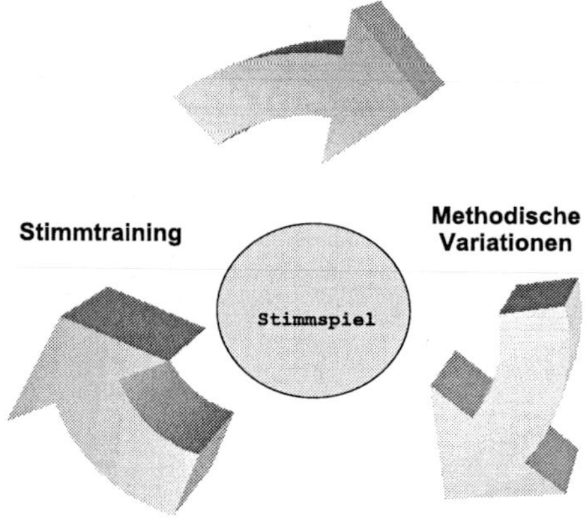

Im Vordergrund des umgangsmässigen Singens steht Spaß am gemeinsamen Singen, aber bitte mit hohem Anspruch an die Qualität des Singens und des ausgewählten Repertoires. Die Singearbeit ist hierbei nicht Konzert-orientiert. Umso wichtiger ist dann, dass über eine qualifizierte Anleitung auch die Probe zu einem Erlebnis wird. Die sozialen Komponenten haben auf dieser Musizierebene einen hohen Stellenwert und verlangen von dem Chorleiter eine große soziale Kompetenz.

Spiel – Eine Definition

„Spiel ist eine freiwillige Handlung oder Beschäftigung, die innerhalb gewisser festgesetzter Grenzen von Zeit und Raum nach freiwillig angenommenen, aber unbedingt bindenden Regeln verrichtet wird, ihr Ziel in sich selber hat und begleitet wird von einem Gefühl der Spannung und Freude und einem Bewusstsein des ‚Andersseins' als das ‚gewöhnliche Leben'."

Johan Huizinga (1872 -1945) [4]

****

WIR
Vergessen das Alltägliche
Denken, fühlen und handeln zugleich
Werden vertraut mit musikalischen Parametern
Erfahren die Gestaltungsmöglichkeiten der eigenen Stimme
Reagieren aus einer vollkommenen Beteiligung auf die Situation
Haben Spielfreude und gewinnen musikalisches Selbstvertrauen
Erfinden Regeln, halten uns an Regeln, modifizieren Regeln
Gehen unverkrampft daran, aber sind gespannt,
Schaffen eine ungezwungene Atmosphäre
Kommunizieren mit den Mitspielern
Entwickeln soziale Kompetenz
Sind bei
UNS

****

Block 1: „Gestenlieder“

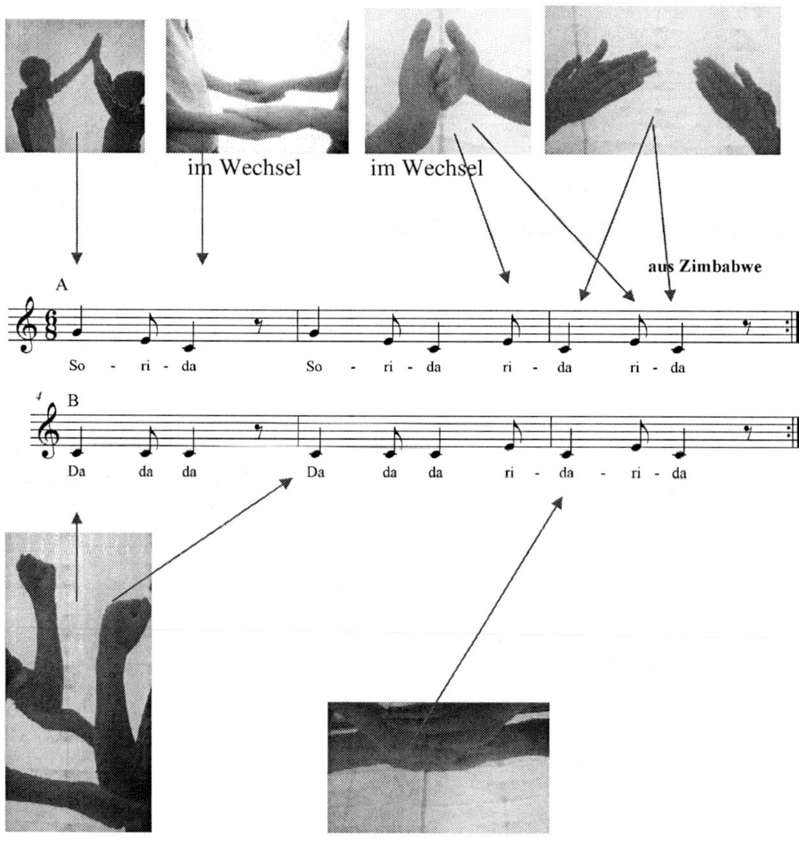

im Wechsel im Wechsel

Beschreibung:

So-	ri-	da
Klatschen überm Kopf	-	Klatschen in Waagrechte vor dem Körper (im Wechsel)
Ri		da
Überkreuz mit Handaussenseiten		Klatschen in eigene Hände
Da-	Da-	da
„Ellbogenkupplung“		im Wechsel
Ri – da		Ri-da
Sandwich		im Wechsel

Erarbeitungshinweise:

1. Schritt: Einübungsform für die Melodie im Call – Response Prinzip. Dabei werden zunächst die einzelnen Motive vorgesungen und im
2. Schritt: werden die Bewegungen geübt.
3. Schritt: Baustein um Baustein wird zusammengesetzt.

Nach und nach werden zusätzliche Hürden aufgestellt: schneller werden; chromatisch erhöhen; parallele Mehrstimmigkeit; Partnerwechsel etc.

Die parallele Mehrstimmigkeit kann auch in solch leichtem Lied den Gesetzmäßigkeiten des improvisierten Gospels folgen: Hauptstimme ist die Melodiestimme (meistens Sopran), eine weitere Stimme läuft in parallelen Terzen (z.B. Tenor), die dritte Stimme startet von der (Unter-)Quarte aus in tonaler Parallelität (z.B. Alt).

Das Lied kann sich zu einem Geschicklichkeitswettbewerb entwickeln. Ziel ist, wie bei vielen volkstümlichen Gestenliedern, ein sportlicher Ausscheidungskampf und ein Ende im Chaos.

Es ist empfehlenswert, jeweils Spielregeln mit der Gruppe zu erstellen und an dem Lied auszuprobieren oder als Spielleiter Spielregeln vorzugeben. Ein wichtiger Teil der Spielregeln sind Definitionen für Anfang und Ende des jeweiligen Durchganges.

Die abgebildeten Gesten sind Vorschläge. Der Fantasie der Singenden sind keine Grenzen gesetzt.

Am Ende wird es zum Kreisspiel ausgebaut: Es gibt einen Innen – und einen Aussenkreis. Nach Absprache finden Partnerwechsel statt (im Uhrzeigersinn; auch abwechselnd im Uhrzeigersinn oder gegen den Uhrzeigersinn). Wenn nun die o. g. musikalischen Hürden mit mehreren Ebenen in das Spiel einfließen, erlebt man die Komplexität des Einfachen.

Block 2: Einfache, improvisierte Mehrstimmigkeit

Sponono

aus Südafrika

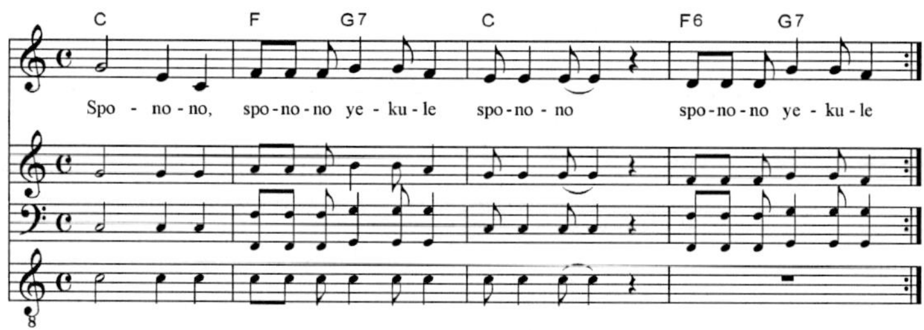

Sponono ist ein kleines Tanzlied der Xhoa aus Südafrika. Sein Text beklagt vergleichbar einem Blues den Verlust der/des Geliebten: Dieser wunderschöne Mensch hat mich verlassen.
Das Lied ist ein Kreistanz und wird beliebig oft wiederholt.

Quelle: [2]

Zunächst einmal kann man die Melodie in ihre Motivbestandteile zersägen und diese Bausteine als Übungsmaterial benutzen, wie z. B.:

Takt 1 (T1): klassische Dreiklangsübung, chromatisch transponieren, gestisch begleiten. Eine Handlung wie „Aufstehen – Hinsetzen“ oder „Ball werfen“ hat in sich selbst schon eine heilsame Atem-schöpfende Pause integriert. Diese kleinen Pausen sind in der Summe stimmschonend und trainieren das wichtige Abspannen.

T 2: Kann als Endlosschleife laufen. Damit kann dann zunächst das Prinzip „chorisches Atmen“ trainiert werden.

In einem weiteren Schritt führt man dieses Motiv in einen Mikro-Kanon im Viertelabstand über und erhält den reizvollen klanglichen Effekt „Minimalmusik“.

Mikroveränderungen ergeben sich durch Ersetzen von Noten durch Pausen.

Alle Veränderungen werden im Musizieren eingeführt und koordiniert. Unterbrechende Ansagen zerstören den Klangeindruck und sollen möglichst nur im musikalischen Notfall eingesetzt werden.

Für die Erarbeitung der Mehrstimmigkeit ist das Prinzip „mündliche Überlieferung“ Grundlage der Musizieridee. Nach dem Erarbeiten der Melodie bleibt das Tutti zunächst in der viertaktigen Melodieschleife. Wenn diese stabil ist, vermittelt der Spielleiter einzelnen Sängern oder kleinen Gruppen nach und nach die anderen Stimmen. Diese holen sich Verstärkung aus der großen Melodiegruppe und festigen dadurch ihre Begleitstimme.

Sobald der vierstimmige Satz steht, werden die vier Stimmen/Stimmgruppen im Raum verteilt. Der Spielleiter schickt (bei laufender Musik) Sänger in andere Gruppen, mit der Aufgabe, die neue Stimme zu übernehmen. Ziel ist, dass möglichst alle Sänger alle Stimmen des kleinen Songs singen können.

Schließlich kann das Lied mit einfachem Kreistanz musiziert werden:

Side Stepp / Side überkreuzt vorne, Side überkreuzt hinten, als einfaches Schrittmuster.

Block 3: Körperperkussion und Gesang

Dies kleine Liedchen benutzen wir als Übungsfeld für Körperperkussion. Gleichzeitig kann hier mit Kanonformen, Bitonalität, Swing-Stilistik etc. experimentiert werden.

Alle Übungen aus dem Bereich Körperpercussion sind dem Buch „Juba“ von Jürgen Zimmermann entnommen (s. Literaturangaben)

„Colt-Übung“

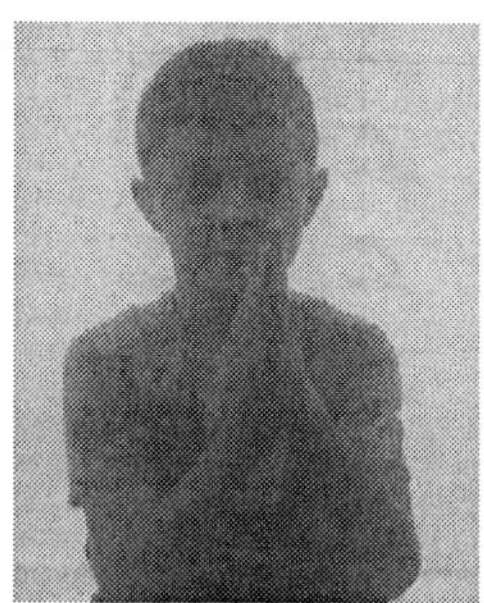

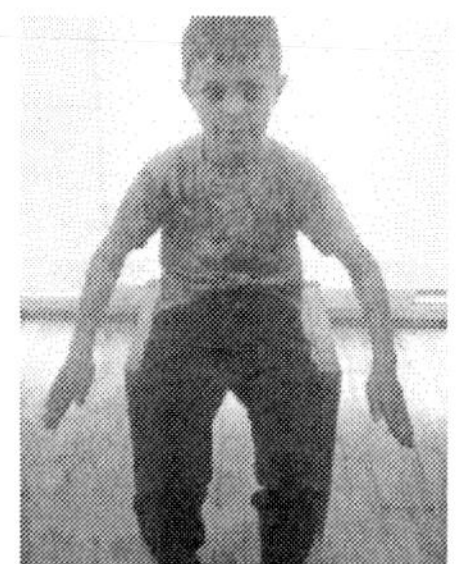

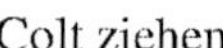

Colt ziehen Klatschen nach unten abstreifen

Die drei Bewegungen ergeben einen 3/4-Takt. Jede der Bewegungen kann zur „EINS“ werden. Zusammen mit dem Lied ergibt sich ein müheloses Musizieren in zwei verschiedenen Taktarten.

Juba

Die rechte Hand pendelt zwischen Oberschenkel und der darüber stehenden linken Hand gegengleich, die linke Hand pendelt zwischen linkem Oberschenkel und linker Hand

Hieraus entsteht ein 6/8- bzw. 6/4-Takt. Er öffnet die Möglichkeit zu einem bis zu sechsstimmigen Kanon im Viertelabstand oder für ganz Waghalsige im Achtelabstand.

„3D" – Körperperkussion

Sobald die Gruppe gelernt hat die Zahlen 1, 3, 5, ... als Bewegungsablauf umzusetzen, kann man mit dieser Übung Choreografien basteln, Zahlenfolgen im Kanon musizieren, oder für mehrere Gruppen verschiedene Zahlenfolgen anbieten.

Erfahrungsgemäß empfiehlt es sich im choreografierten Ablauf mit der „9" als gemeinsamer Coda zu enden.

Für die Begleitung von Liedern in Gospel- und Swingstilistik eignet sich folgendes Zweitakt-Pattern:

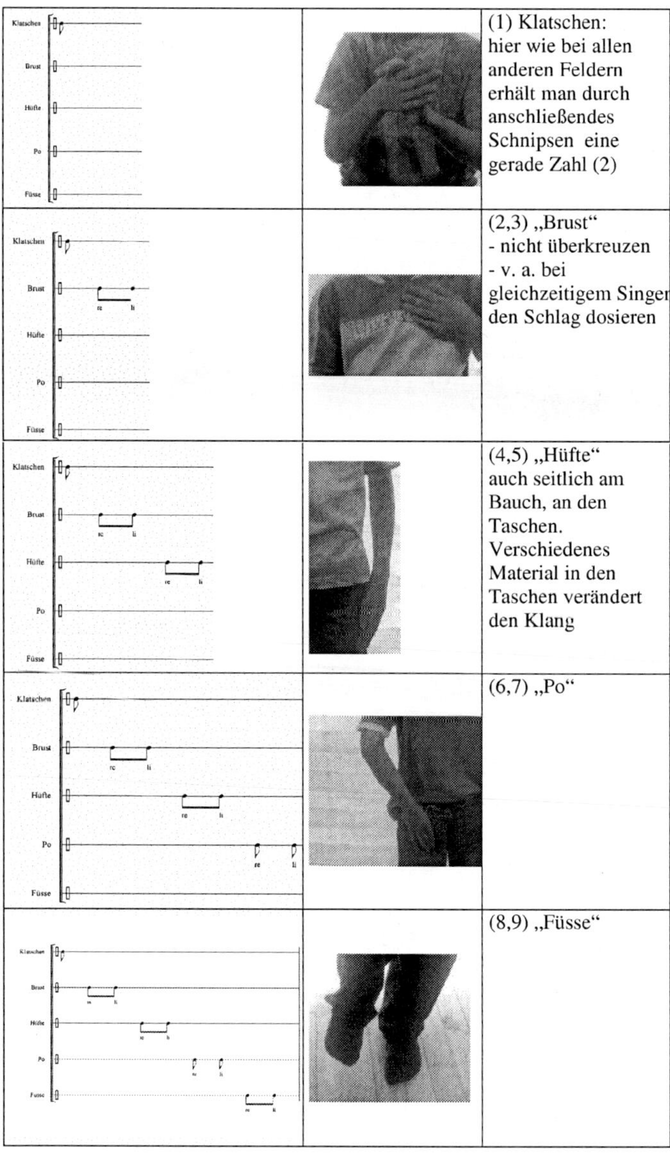

		(1) Klatschen: hier wie bei allen anderen Feldern erhält man durch anschließendes Schnipsen eine gerade Zahl (2)
		(2,3) „Brust“ - nicht überkreuzen - v. a. bei gleichzeitigem Singen den Schlag dosieren
		(4,5) „Hüfte“ auch seitlich am Bauch, an den Taschen. Verschiedenes Material in den Taschen verändert den Klang
		(6,7) „Po“
		(8,9) „Füsse“

Zwischenspiel: Stütze – sichtbar

Grundstellung: alle Sänger stehen in einer Dirigiergrundstellung, am Besten im Kreis. Der Kreis wird so eng gestellt, dass sich die Unterarme der Sänger berühren. (Achtung: Schultern hängen; während der Übung regelmäßig Schultern und Arme entspannen.)

Phase 1: Die Gruppe tönt ein stimmloses „sss“

Phase 2: Die Gruppe tönt ein stimmloses „sss“ und baut eine wachsende Kraft zu den Nachbarn auf (die Kraft am besten im vorderen Armbereich zur Seite und nach vorne gedacht). Mit der wachsenden Armkraft wird die ausströmende Luft beschleunigt. Die Luft wird über die Bauchmuskulatur stärker komprimiert.

Phase 3 und 4: Dasselbe auf einem bequemen Ton in der Mittellage und beliebigem Vokal

Phase 5: Das Abspannen üben: „sss“ wie bei Phase 2 und auf Zeichen die Kraft schnell herausnehmen (loslassen = Abspannen). Der Atem kommt automatisch.

Phase 6: crescendo = wachsende Kraft auf einen gehaltenen Ton

Phase 7: diminuendo = bei gleicher Armkraft, Stimme zurücknehmen

Phase 8: Kraft vor dem Toneinsatz aufbauen (vorbereitete Stütze)

Phase 9: hohe Armkraft + gehaltener Piano-Ton gekoppelt = gestützes Piano

Phase 10: Heyanana oder Bruder Jakob eignen sich dank ihres regelmäßigen Aufbaus bestens um alle vorangegangenen Übungen in ein einfaches Lied zu übertragen.

Achtung: bei mangelhaftem Stimmbandschluss kann die Übung den Hauch verstärken. Hier muss zunächst dieses Problem gelöst werden.

Block 4: Klangimprovisation im Volkslied

Der Winter ist vergangen
Musik: trad. (1600)
Text: trad. (1537)

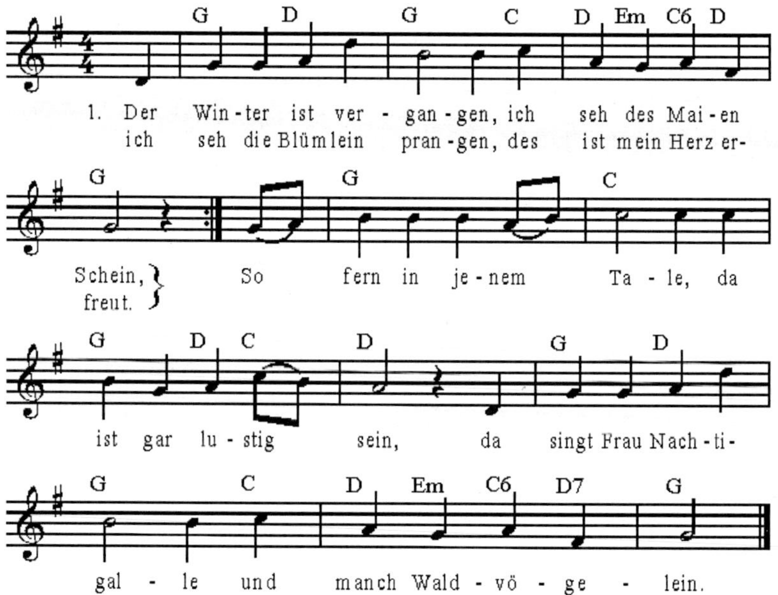

Die ABA'-Form des Liedes ist Grundlage der im Spiel entwickelten Musizierform:

Intro – Melodie – Outro

Vorübung für Teil A:

Wort für Wort Verlängerung (dies ist auch im Call-Response-Prinzip möglich). Über ein nicht zu gemütliches Viertel-Metrum werden die ersten Takte der Melodie im Wechsel von Vorsänger – Chor mit nahtlosen Anschlüssen entwickelt.

Der Liedbeginn gibt die Idee zu einem kleinen Spieleeinschub.

Reaktions- , Konzentrations-, Intonationsspiel

Ein Kind gibt als Spielführer durch Handzeichen vor, welchen Melodieausschnitt die Gruppe singt. Zum Beispiel:

gezeigte 1: gesungenes „Der“
gezeigte 3: gesungenes „der Winter ist“
usw.

Eine Ansage vorher erklärt, welcher Melodieabschnitt gewählt wird und ob die Anzahl der Silben oder der Wörter angezeigt werden.

Improvisierte mehrstimmige Umsetzung des Liedes

A-Teil (Intro):
Wir singen unisono los. Unterwegs bleiben Sänger auf selbst gewählten Haltestellen (Fermaten) stehen und halten den Ton weiter aus, gleich Zugwägen, die an verschiedenen Bahnhöfen stehen. Eine Gruppe vorher bestimmter Sänger singt die ausgewälte Phrase bis zum Ende. Diese Gruppe beginnt auf Zeichen das Lied von vorne und bringt die an den

B-Teil:
Er eignet sich für eine improvisierte Mehrstimmigkeit im Gospel-Prinzip: Die Melodie läuft in eine Quartsext-Akkord-Kette verklanglicht. Der Bass vervollständigt den Satz über einfache Kadenztöne.

A'-Teil:
Kann natürlich so umgesetzt werden wie der A Teil. Möglich sind als Alternative dazu geplante Fermaten, die gezielt einen gewünschten Schlussakkord aufbauen.

Block 5: Szenische Umsetzung eines Liedes

Storyboard:
Auf langen Reisen werden Gedichte improvisiert. „Bona nox“ sagt der eine, „bist ein rechter Ochs“ ergänzt ein anderer. Logisch weitergedacht bleibt der eine bei seiner positiven Einstellung (bon nuit) und der andere ergänzt (pfui, pfui).

Daraus entsteht ein musikalischer Dialog zwischen zwei Sängern oder Sängergruppen. Dieses eher instrumentale Musizieren ist ein gutes Training für Sänger. Es ist kommunikativ, fordert eine hohe Konzentration, einen guten Wechsel von Körperspannung und Abspannen etc. Durchaus schwierig wird es dann im vierstimmigen Kanon.

Nach einigen Überphasen kann der Kanon sehr virtuos musiziert werden und zum Experimentieren im Raum anregen.

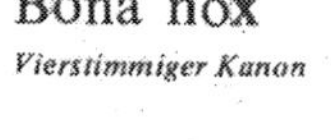

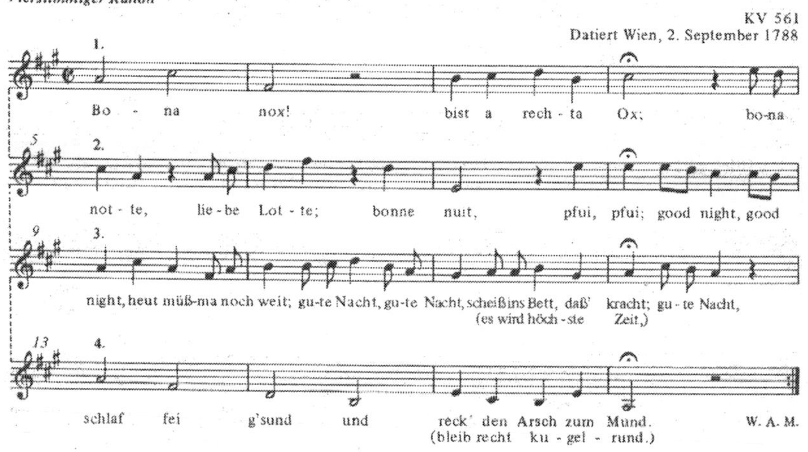

BA 6387

Block 6: Fünf Finger – fünf Töne

Für alle, die eine vorrausetzungslose Alternative zur Tonika-Do-Methode suchen, ist diese Methode empfehlenswert. Sie ist gleichermaßen erstes Vom-Blatt-Singetraining, Intonationstraining und ein Weg zur Einführung des mehrstimmigen Singens.

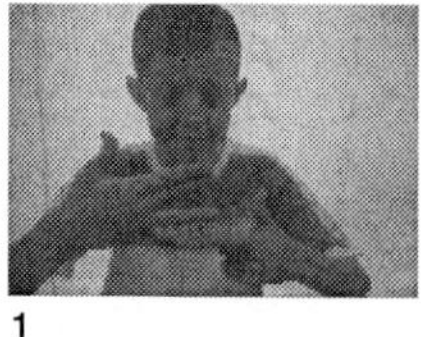

1

2

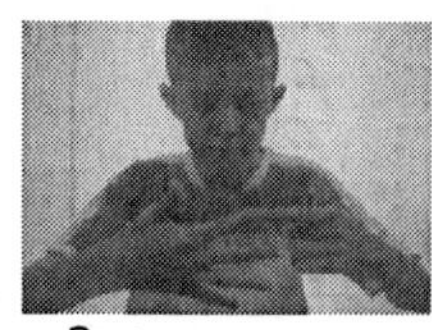

3

In der Spreizstellung (Abb. 1) haben die Finger einen Ganztonabstand. Berühren sich die Finger bedeutet das Halbtonschritt. Je nach Fingerstellung kann man Dur (Abb. 3) oder Moll und eine chromatische Tonfolge (Abb. 2) anzeigen. Weitere variantenreiche Skalen lassen sich darstellen und können der absingenden Gruppe einiges abverlangen.

Auch können Kinder selbst als Spielleiter mit der Gruppe kleine Motive oder Melodien musizieren. Nach einstimmigen Vorübungen, können mehrere Spielleiter mehrstimmig im gemeinsamem Metrum oder individuellen Tempi mit mehreren Gruppen musizieren. Einfache liturgische Texte (Alleluia) geben den Fingerkompositionen zusätzliche Struktur.

Alle Drei- bzw. Fünf-Tonmelodien lassen sich damit ohne Noten und Vorsingen erarbeiten.

Literaturangaben

[1] Adzenyah, Abraham Kobena u.a. (Hrsg): Let your voice be heard, Songs from Ghana and Zimbabwe; Danbury: World Music Press, 1996

[2] Brecht, Klaus/ Kalmer, Stefan (Hrsg.): Unisono – Das Liederbuch, Leipzig : Klett, 2005

[3] Eriksson, Gunnar: Kör ad lib Göteborg: Bo Ejeby, 1995

[4] Huizinga, Johann: Homo Ludens. Vom Ursprung der Kultur im Spiel. Reinbek: Rowohlt 1938/1991

[5] Mozart, Wolfgang Amadeus: Gauli Mauli Stachelschwein. Kassel: Bärenreiter, 1991

[6] Zimmermann, Jürgen: Juba. Die Welt der Körperpercussion Boppard: Fidula, 1999

„In einem Meer von Farben versinken – Bilder malen mit Klängen“ Liedgut der Romantik vom Sologesang bis zur Chormusik

Anita Keller, Barbara Hoos de Jokisch

Ausgangspunkt

Der vorliegende Text gibt Aspekte unseres gleichnamigen Workshops beim 5. Symposium für Kinder- und Jugendstimme wieder und stellt eine Annäherung an die Interpretation von romantischer Literatur unter dem besonderen Blickwinkel von Farbe dar.

Als Ausgangspunkt diente uns die Grundannahme, dass Farbe eine seelische Wirkung habe, oder umgekehrt, dass seelische Qualitäten in der Farbe zum Ausdruck kommen können. Daraus haben wir im Dialog ein gemeinsames Konzept entwickelt, bei dem jede von uns von ihrem eigenen Arbeitsansatz (Korrepetition und Gesangspädagogik) ausging. Die Dialogform ist im Text bewusst beibehalten worden.

Auf die ausführliche Beschreibung der einzelnen Übungen wurde weitgehend verzichtet. An ihrer Stelle sollen erste zusammenfassende Beobachtungen und vorläufige Ergebnisse der gemeinsamen Arbeit stehen.

AK (Anita Keller): Einführung in die Interpretation

„In einem Meer von Farben versinken“ – das heißt für uns als Musiker Melodie, Harmonie, das Wort, den Reim, die Strophe mit größter Fülle von (Klang)-Farben innerlich zu hören, die Geschichte bildhaft werden zu lassen, das Bild immer prächtiger zu colorieren, bis es zu einer Klarheit herangewachsen ist und wir beginnen, dieses Bild mit unserem Instrument zu produzieren. Der Vortrag wiederum spiegelt die so „geborene“ Farbigkeit in einer Intensität wider, dass nun der Hörer in dem Meer von Farben versinken kann.

Sprichwörter wie „Es ist alles im grünen Bereich.“, „. . . durch die rosarote Brille geschaut“, „Du siehst aus wie eine graue Maus.“ und Gedichtzeilen wie „Meine Liebe ist grün wie der Fliederbusch“, „Frühling lässt sein blaues Band wieder flattern durch die Lüfte“ zeigen, dass wir Menschen vollkommen selbstverständlich davon Gebrauch machen, mit Farben Seelenzustände, Charaktereigenschaften, Emotionen zu beschreiben, der Farbe „Gemüt“ zu geben. J. W. von Goethe hat sich in seiner Farbenlehre intensiv damit beschäftigt und über die sinnlich-sittliche Wirkung der Farben geschrieben, die Medizin nutzt diese Erfahrungen zur Heilungsunterstützung.

Was steht also deutlicher vor unseren Augen, als die Aufgabe ernst zu nehmen, von frühester Kindheit an ein „Ohr“ für diese Zusammenhänge zu öffnen?

Je weiter die musikgeschichtliche Entwicklung voranschreitet, die Musik sich nun aus den Kreisen der einfachen Kadenz entfernt und verschlungene Wege geht, umso vielfältiger sind unsere Möglichkeiten, diese Wege zu genießen, jede harmonische, rhythmische, dynamische Veränderung, jede Klangfarbe als Schwingung des eigenen Inneren zu erleben. Dazu ist Vorstellungskraft und Phantasie gefragt, gepaart mit der Fähigkeit, Erlebtes, Gefühltes zu reproduzieren.

Haben Kinder im Vergleich zu uns noch den Vorteil, dabei nicht gegen so viel selbst errichtete imaginäre Schranken zu laufen, so ist die Sensibilität, das Gehör und die Empfindung für „leise Töne“ zu öffnen jedoch etwas unmodern geworden, widerspricht dem allgemeinen Bild von „coolem“ Verhalten, dem allgemeinen Bedürfnis nach übertriebenem Aktionismus beispielsweise bei Computerspielen, dem oft zu erlebenden Bedürfnis nach schneller und lauter Musik. „In einem Meer von Farben versinken“ kann also auch eine Chance bedeuten, den meditativen, emotional nach innen gerichteten, sinnlichen Teil bei Kindern und Jugendlichen in Balance zu oben Beschriebenem zu bringen.

Die Musikepoche der Romantik ist die hohe Blütezeit des Liedes, deswegen ist der Bogen unserer Betrachtungen ohne einen Blick auf das „Lied“ zu werfen, undenkbar. Der Begleitpart des Klavieres entfernt sich immer mehr von der harmonischen und rhythmischen Stützfunktion, vielmehr wird der Klavierspielende zum MIT-Sänger, zum gleichwertigen Duettpartner des Singenden. So wird auch die Aufgabe, im Moment des Musizierens „auf gleicher Wellenlänge“ zu schwingen, gleiche Gemütsstimmungen zu durchleben, gleiches Textverständnis zu finden, das heißt gleiche Bilder zu colorieren, immer interessanter.

Zum Wecken dieser Fähigkeiten eignen sich besonders Lieder, die eine ganz verschiedene Interpretation zulassen, in denen das Vorspiel des Klaviers in mehreren Varianten mit sehr klaren Untertexten jeweils neue Farben, neue Bilder provoziert, auf die der Singende spontan reagieren kann. Verschiedene Klangfarben, daraus folgende Anpassung des Tempos, des Atems, der Sprachbehandlung, werden quasi spielerisch gefunden.

Es wächst die Fähigkeit und das Bedürfnis, seine eigenen seelischen Empfindungen konkret werden zu lassen, in Worte zu fassen, die viel facettenreicher sind als in der üblichen Umgangssprache, in Worte, die sozusagen alle Farbschattierungen widerspiegeln. Man lernt, Spannung und Entspannung aus den Harmonien „herauszulauschen“ und mit der Poesie in Einklang zu bringen.

Jedoch: Was nützen dem Maler die aufregendsten Farbvorstellungen, die kühnsten Bildphantasien im Innersten seines Herzens, wenn er nicht das Handwerk besitzt, die Farben zu mischen, das Bild auf die Leinwand zu bringen. So ist es gleichsam undenkbar, in eben beschriebener Weise zu musizieren ohne eine sängerische Grundkenntnis und ohne ein fleißiges Basistraining.

BHdJ (Barbara Hoos de Jokisch): Entwicklungsstufen der Interpretation

Interpretation und Ausdruck im Gesang müssen nicht dem angeborenen Temperament des Sängers, seiner augenblicklichen Stimmungslage oder einer spontanen Eingebung überlassen bleiben. Sie können ebenso wie die gesangstechnische Ausbildung zum Thema im Unterricht werden [8].

Folgende Entwicklungsstufen auf dem Weg zu einer überzeugenden, individuellen Interpretation sind vorstellbar:

1. **Basisvoraussetzung:** Der Körper des Sängers befindet sich durch die aktive Erarbeitung der sprachlichen Konsonanten und Vokale als Klanginstrument im Aufbau. – Bereits hier wird der Grund für die Interpretation gelegt.

2. **Sensibilisierung** für im Text enthaltene Stimmungsfarben und Bilder. - Welche Interpretationsmöglichkeiten, welche Bilder bietet der Text von sich aus an? Ausprobieren unterschiedlicher, auch gegensätzlicher Möglichkeiten. Bezug zwischen Einatmung und Farbe, Vokal und Geste.

3. **Konkretisierung** eines inneren Vorstellungsbildes. - Welches Bild, welche Ausdeutung einer Textzeile liegt mir aufgrund meiner eigenen Vorerfahrungen am nächsten? Vertiefung in das Bild und Ausgestaltung.

4. **Interpretierender Vortrag** des Liedes auf der Grundlage eines ausgebildeten Instrumentes, mit innerer, emotionaler Vorstellung von Bildern, sowie einer eventuell zu machenden Sinn-Aussage.

4. Interpretation/„Wahrheit"
3. Auswahl/Konkretisierung eines Bildes
2. Emotionale Sensibilisierung für mögliche Bilder
1. Ausbildung des Gesangsinstruments als körperlich-technische Basis

Abb. 1: Entwicklungsstufen der Interpretation

Diese vier Punkte bilden eine Pyramide, von der breiten technischen Basis bis zur zusammenfassenden Spitze der Interpretation. Diese Pyramide beschreibt zum einen die Ausrichtung einer grundständigen Stimmausbildung, von der Basis zur Spitze hin, wobei immer wieder betont werden muss, dass selbst bei der scheinbar unbedeutendsten technischen Übung des Anfängers eine emotionale Beteiligung angeregt werden kann und so das interpretatorische Element von Anfang an angelegt ist. Zum anderen kann sich auch das tägliche Einsingen für einen fortgeschrittenen Sänger nach dem Modell der Pyramide vollziehen, angefangen vom Wecken und technischen In-Besitz-Nehmen des Körpers bis hin zur ausgereiften Interpretation. Um eine gemeinsame Grundlage zu schaffen, haben wir in unserem Workshop vor allem den beiden ersten Punkten einen breiteren Raum angeboten. Sie werden deshalb auch im vorliegenden Text im Vordergrund stehen.

1. Basisvoraussetzung: Die Bedeutung von Sprache für den Gesang

Hinführung zum Literaturbeispiel: Max Reger „Waldeinsamkeit“ op. 76 (Sololied)

Über die Bedeutung der Konsonanten und Vokale im Gesang

Voraussetzung jeder überzeugenden Interpretation ist ein ausgebildetes Gesangsinstrument, das dem Sänger möglichst ohne Einschränkungen zur Verfügung steht und von ihm als Werkzeug frei gehandhabt werden kann. Die Stimme soll „auf dem Körper sitzen“, wie ein von Gesangspädagogen gern verwendeter Ausdruck besagt. Um die notwendige Verbindung der Stimme mit dem Körper zu erzielen, bieten sich uns die Konsonanten der Sprache als ein unersetzliches Hilfsmittel an.

Auch wenn jedes Instrument von sich aus eine bestimmte Grundfarbe, einen eigenen Grundklang besitzt, so setzt Interpretation doch erst dort an, wo dieser Grundklang im Sinne eines Werkes modifiziert werden kann. Ebenso wie die Stimme mit dem Körper verbunden sein soll, um ein Instrument bereitzustellen, so ist es auf dieser nächsten Stufe erforderlich, dass die Stimme eine Beziehung zur Seele des Sängers eingeht und auf emotionale Schwingungen reagieren kann. Die Stimme soll also gewissermaßen auch „auf der Seele sitzen“. Bei dem Prozess der Verbindung von Stimme und Seele, der ebenso wie die Verbindung von Stimme und Körper nicht ohne weiteres vorausgesetzt werden kann, spielen die Vokale der Sprache eine besondere Rolle. Hier setzt ebenfalls das gezielte Arbeiten mit inneren Bildern und Farbstimmungen an.

Sprache lebt aus der Dynamik zwischen Konsonanten und Vokalen. Konsonanten repräsentieren eher den körperlichen, profilhaften, energiemäßigen Aspekt der Sprache, Vokale stellen eher den leichteren, weicheren, anpassungsfähigen, eben den seelischen Aspekt dar. Konsonanten zeigen ihre Potenz am deutlichsten in der konzentrierten Bündelung, Vokale dagegen genießen jede Möglichkeit zur Ausdehnung. Zentripetale und zentrifugale Ausrichtung stehen sich also in der Sprache unmittelbar gegenüber.

Konsonanten betonen das Oben-Unten im Körper, vermitteln uns einen Eindruck von der Länge des Gesangsinstruments vor allem im Rumpf. Sie besitzen vertikale Durchschlagskraft. Vokale dagegen haben ihren Sitz in den Resonanzräumen des Kopfes, die sie zunächst als sphärischen Raum füllen und deren Grenzen sie dann sogar überwinden wollen. In der atemgetragenen Melodie suchen die Vokale die Verbindung miteinander, das Vokallegato ist ein Fortspinnen der Vokale in horizontaler Richtung.

Als Bild für das Verhältnis von Vokalen und Konsonanten im Gesang kann man sich eine oberirdische Stromleitung vorstellen, bei der ein langes Stromkabel zwischen zahlreichen Strommasten gespannt ist. Das Kabel versinnbildlicht die strömende Vokallinie im Gesang, die Maste stehen für die die stabil im Boden verankerten, präzisen Sprachkonsonanten.

Sprache kann dann als Grundlage für Gesangstechnik und Interpretation eingesetzt werden, wenn dem Gegensatz zwischen Konsonanten und Vokalen bewusst Rechnung getragen wird. Auf Bündelung der Konsonanten und Ausdehnung der Vokale muss geachtet werden. Ein Verwischen und Angleichen von Konsonanten und Vokalen dagegen schwächt das Gesangsinstrument und erstickt jeden Ausdruck bereits im Keim. Einzelne Konsonanten können zwar besonders hervorgehoben werden und somit zur Gestaltung des energetischen Ausdrucks beitragen. Interpretation von Stimmungen geschieht dagegen in erster Linie mit Hilfe der Vokale als Farbträger von Emotionen. Vokale können sich jedoch nur dann frei entfalten, wenn sie auf eine konsonantengeförderte körperliche Grundspannung aufbauen können. Die Ausstrahlung und Aussageträchtigkeit eines Vokals wird deshalb wesentlich bestimmt von den ihn umgebenden Konsonanten.

Ebenfalls nur andeutungsweise kann hier ein Licht auf den Begriff der „Körperstütze“ geworfen werden. Unter dem vorgestellten Gesichtspunkt der Konsonant-Vokal-Dynamik muss dieser Begriff die fälschlicherweise oft mit ihm verbundene Vorstellung von unflexibler

Statik aufgeben. Flexible „Stütze“ definiert sich stattdessen als eine Reihe konsonantischer Körperimpulse, die während des Singens die zuvor durch die Atmung aufgebaute instrumentale Grundspannung bestätigen. Durch diese Sichtweise wird die enge Verbindung zwischen Technik und Interpretation immer deutlicher.

Einführung in körpergestütztes Sprechen

Nach dieser grundsätzlichen Einführung begeben wir uns direkt hinein in einige praktische Sprechübungen mit Konsonanten. Ausgehend vom stimmhaften „S“, zunächst im Sitzen, dann im Stehen in Schrittstellung, vermitteln sie uns ein Gefühl für die Energie unseres Rumpfes, von der Körperbasis (Beckenbodenmuskulatur) bis zum Brustbein. Der Konsonant entfaltet seine Schwungkraft, indem er sich gegen einen Widerstand abstößt. Zwerchfell, Beckenboden, Erdboden können dabei als Trampolin dienen. Vom „S“ ausgehend kann diese Energie dann auch in den übrigen Konsonanten aufgedeckt werden.

Artikulation ist dadurch nicht mehr eine bloße Angelegenheit der unmittelbaren Artikulationswerkzeuge des Mundes, sondern wird zu einer ganzkörperlichen Aktion. Die Konsonanten können tatsächlich mit dem ganzen Körper „ausgekostet“ werden.

Eine weitere gemeinsame Übung in diesem Sinne, mit Verbindung der Explosivkonsonanten B/P, D/T, G/K und der Vokalreihe I-E-A-O-U, rhythmisch im Stehen gesprochen, führt durch die Koordination von Körper und Atem zu einer deutlichen Anreicherung und Homogenisierung des Ensembleklangs. Sie eröffnen uns den Zugang zu der Wirkung eines Sprechchores.

Von dieser Übung aus ist es nur noch ein Schritt zur Anwendung auf unser Liedbeispiel von Max Reger, das uns die Solistin bereits einmal als Ganzes vorgetragen hat. Wir sprechen den ersten Satz des Textes mit aktiviertem Körpereinsatz, zunächst Silbe für Silbe, dann Wort für Wort, schließlich als ganze Phrase mit sinnbetonenden Schwerpunkten:

„Gestern abend in der stillen Ruh'/ sah ich im Wald einer Amsel zu.“

Zum Abschluss können wir den so vorbereiteten Text auf die Melodie des Reger-Liedes singen. Obgleich wir vorher in der Gruppe nicht gesungen, sondern nur gesprochen haben, führt die wache körperliche Beteiligung in der Textaussprache zu einem überzeugenden, klangvollen gesanglichen Ergebnis.

Sobald jeder einzelne Sänger in diesem Sinne den Zugang zu seiner eigenen Körperenergie gefunden hat, kann auch der Chor als Ganzes überhaupt an seine Grundpotenz herankommen. Die Erfahrung hat gezeigt, dass durch solche gezielten Übungen zum körpergestützten Sprechen die Klangentfaltung und Aussagekraft jedes Chores wesentlich gesteigert werden können.

Wenn uns der Verlust der Singfähigkeit bei Kindern Sorge bereitet, so berühren wir mit dem Thema „Singen“ nur die Spitze des Eisbergs. Kontraproduktives, energieraubendes Atmen, Haltungsschwächen und mangelndes qualifiziertes Sprechtraining führen dazu, dass den Kindern oft erst gar nicht das Körperinstrument zur Verfügung steht, das in der Folge zum Singen verwendet und ausgebaut werden könnte. Anders ausgedrückt: Durch richtiges Atemtraining, gute Haltungsanleitung und die Einführung in körpergestütztes Sprechen schaffen wir bei unseren Schülern von der ersten Klasse an die nötigen Voraussetzungen zum Singen [6].

2. Sensibilisierung für Farben und Bilder des Textes

Notenbeispiel 1: Max Reger: Waldeinsamkeit, Takt 17/18 „und küsset mich“

AK: Mit diesen Basisübungen haben wir die handwerklich-technischen Voraussetzungen für den nächsten Arbeitsschritt geschaffen: durch tiefes Hineinspüren in Melodie und Harmonie im Zusammenspiel mit dem Text dem Anliegen des Komponisten auf die Spur zu kommen. Was mag den Komponisten bewogen haben, es gerade so und nicht anders zu schreiben? Kürzlich hörte ich im Radio ein Interview, in dem Sergiu Celibidache von nur EINER WAHRHEIT in der Wiedergabe eines Stückes sprach. Nun steht mir nicht der Sinn danach, diesen Satz zu bezweifeln oder zu bejahen. Er birgt eine ganz wichtige Nachricht für uns: Höre nie auf, so oft du das Stück auch musizierst, nach der „Wahrheit" zu suchen! Lebe im Zweifel und im inneren Streit mit der Musik, reibe dich auch nach großem Erfolg an deinen Ansichten.

Ich möchte gern mit einem Beispiel aus Max Regers Lied „Waldeinsamkeit" konkret werden: „Kommt mein Schatz und schleichet sich um mich... <u>und küsset mich</u>". Es ist leicht zu erkennen, dass Reger hier einen Glücksausbruch, gepaart mit Sehnsucht und Genuss komponierte. Der Verlauf der Melodie erinnert mich spontan wieder an die Sprache: Sind wir begeistert über einen Zustand, wie schnell rufen wir „Oh" oder „Ah" und die Sprechstimme folgt genau dem Verlauf der Melodie, steigt intensiv nach oben und fällt danach in sanfte Entspannung. Aber nicht nur der Melodieverlauf, sondern auch die Harmonien folgen unserer ursprünglichen menschlichen Äußerung: Die Energie der Harmonie steigt, gewinnt an glühender Kraft (Ich füge hier ein kurzes Zitat aus Goethes Farbenlehre ein: „Rotgelb–... Die Farbe [Gelb] wächst an Energie und erscheint im Rotgelben mächtiger und herrlicher."[5]), um dann in der Abwärtsbewegung sich über den Moll-Akkord weich zu entspannen, ein warmes, angelehntes Gefühl zu erzeugen. Dieses Beispiel wählte ich, weil es den Einstieg in das Suchen nach der „Wahrheit" leicht macht, weil es mit dem alltäglichen Leben verbunden ist, somit auch aus den Erfahrungen des Lebens Umsetzungsimpulse erhält. Wir können ganz leicht über und mit der Fantasie der Musizierenden der „Wahrheit" näher kommen.

BHdJ: Farborientierte Einatmung und natürlicher Vokalcharakter

Der Ausbruch „und küsset mich" kann bereits durch die Art der vorausgehenden Einatmung – als ein Mittel der Interpretation – impulsiert werden. Diese kann genussvoll, sehnsüchtig, gelangweilt, aufgeregt oder glückselig sein. Es kann langsam und tief im Körper eingeatmet werden oder in einem mittleren Tempo und voll, oder rasch und hoch. Dort, wo der Atem im Körper gefühlt wird, wird auch die Zeile gesungen werden und klingt dementsprechend entweder tief, rund und gesättigt oder mittig offen oder hoch und hell. Mit einer bestimmten Einatmung kann ich also die Klangfarbe der Stimme in der folgenden Zeile bestimmen!

Auch diese Erfahrung kann man schon durch das Sprechen machen, bevor es dann an das Singen geht. Bei der Einatmung kann eine bestimmte Farbe assoziiert werden. So kann das tiefe Einatmen mehr in einem dunkleren Farbbereich geschehen, vielleicht sogar mit einem dunklen Violett, die hellere rasche Einatmung vielleicht unter der Vorstellung eines leuchtenden Gelb.

Diese Farben können sodann mit verschiedenen Körperebenen in Verbindung gebracht werden. Ein Vorschlag lautet: Violett mit der Beckengegend zu verbinden, Gelb mit dem Kopf. Für den gesamten Zwischenbereich bleibt die Spanne der Rottöne bis zum Orange. Auf diese Weise kann die Farbskala von unten nach oben, von dunkel nach hell, im Körper gedacht werden.

Eine andere Art des Herangehens an diesen seelischen Ausbruch kann uns, statt an die Farbe, an den Charakter der Vokale direkt heranführen. Die interessante Thematik der Vokalstimmungen sei hier nur kurz berührt. Jeder Vokal drückt, für sich genommen, schon einen bestimmten seelischen Inhalt aus. So machen die Vokale letztlich verschiedene Aspekte unseres Verhältnisses zur Außenwelt deutlich. Sie beschreiben Grade des seelischen Öffnens bzw. des Verschließens. Diese reichen von der vorbehaltlosen Offenheit im A, über eine interessierte Zugewandtheit im O, eine Distanznahme im E, bis zur Begrenzung im U und schließlich zum deutlichen Rückzug in die Selbstbehauptung im I. Um die einzelnen Vokalqualitäten intensiv auf sich wirken zu lassen und abspüren zu können, sollte man sich viel Zeit nehmen.

Wir können also mit einem Vokal unser Verhältnis zur Außenwelt ausdrücken. Wir können jedoch auch die Außenwelt durch einen Vokal wie durch einen Filter in uns hineinlassen, indem wir auf einen Vokal einatmen und uns dabei mit der bestimmten seelischen Farbstimmung erfüllen. Der Vokalatem hilft uns sodann, die gesamte folgende Phrase auf dieser bestimmten vokalischen Grundstimmung zu singen.

Dies geschieht ungeachtet dessen, dass der Text ganz andere Vokale enthält, die auf diese Weise allesamt vom Inhalt her mitgefärbt werden!

So kann der Gefühlsausbruch der entsprechenden Phrase im Lied von Max Reger gesungen werden, indem zum Ausprobieren zuvor auf verschiedenen Vokalen eingeatmet wurde. Wie klingt die Phrase nach O-Atem, nach A-Atem etc.? Wie wirken die Unterschiede? Welche Version überzeugt am meisten?

Die Technik der Vokalfärbungen, der Beeinflussung eines gesungenen Vokals durch einen anderen, der zuvor eingeatmet oder zugleich gedacht wird, gehört zum Interessantesten in der Interpretation romantischer Literatur.

AK: Text und Melodie

Robert Schumann ist ob seiner wunderschönen Lieder nicht aus der Romantik wegzudenken. Er hat sich über die Beziehung von Poesie und Musik so demutsvoll geäußert, dass ich es gern hier zitieren möchte: „Der Text soll der Melodie im Arme liegen wie die Braut dem Bräutigam: frei, heiter und ganz“. Auch wenn unser Beispiellied nicht von Robert Schumann ist, so ist doch klar daraus abzuleiten, dass ein großer Teil der zu suchenden „Wahrheit“ im Text selbst liegt. Schauen wir nur auf folgende Zeile: „So viel Laub als an der Linden ist, und so viel tausendmal hat mich mein Schatz geküsst“. Man wird ja beim Rezitieren geradezu genötigt, die vielen klingenden Konsonanten zu SINGEN, sie auf der Zunge zu schmecken, ihnen Farbe zu geben. Ich erinnere hier an ein geläufiges Sprichwort: „Der Ton macht die Musik!“ Gemeint ist: in welchem Klang, in welcher Farbe ich etwas sage, entscheidet über die Aussage, über den Untertext. Also, geben wir unseren klingenden Konsonanten auch Farbe, Emotion und werden dem Anliegen Schumanns (und unserem eigenen) gerecht!

BHdJ: Klingende Konsonanten

Das umfangreiche Kapitel der klingenden Konsonanten kann hier nur angedeutet werden. Klinger wie M, N, NG etc. sind Energiespender, die sich jedoch dem Vokalstrom anpassen. Damit kommt ihnen eine

Zwitterfunktion zu, die sich die Gesangspädagogik für die Vermittlung zwischen Vokal und Konsonant zunutze macht.

AK: Transpositionen

Gestatten Sie mir noch einige Anmerkungen zum Thema Transposition. Es hat schon viele Versuche gegeben, dem Verhältnis Harmonie zu Farbe eine grobe Allgemeingültigkeit zu verleihen. Wir haben in der Durchführung unseres Workshops allerdings wieder deren Unhaltbarkeit empfunden und plädieren deswegen unbedingt auf die Freiheit der farblichen Empfindung zu bestimmten Harmonien. Die weitaus wichtigere Seite ist doch, wenn man dem Stück eine bestimmte Grundstimmung, eine Grundfarbe gegeben hat und dann, wie eingangs beschrieben, die Wanderung durch das große Farbenspektrum erlebt hat, diese Stimmung mit der vom Komponisten durch die Originaltonart gegebenen Stimmung zu vergleichen, also die Originaltonart studiert zu haben!! Natürlich ist es wichtig, eine für den Sänger passende Tonart zu finden, damit Tonumfang, Atem, technische Möglichkeiten nicht überstrapaziert werden. Man sollte aber die Gefahr der farblichen (und damit die Aussage betreffenden) Veränderung bis zur Verfälschung nicht außer Acht lassen. Und oft lohnt sich die Mühe, eine Transposition in eine nicht gedruckt vorhandene selbst anzufertigen, um der Farbe der Originaltonart näher zu kommen. Die Herausforderung kann auch darin liegen, einer eher dunklen Klangfarbe mit besonders lichtem, hellem Singen zu einer dem Original näher kommenden Klangfarbe zu verhelfen. Erwähnen wir aber all dies überhaupt nicht, geben wir also keinen Anstoß zu solchem sensiblen Umgang, können wir auch das Ohr dafür nicht schärfen.

Wie schön ist es, dass das Thema Transposition bei der vokalen Kammermusik, angefangen vom Duett bis zum mehrstimmigen Chor, keine Rolle spielt. Lediglich beim einstimmigen chorischen Singen von Volksliedern empfiehlt es sich, nach einer Tonart suchen, die den schlichten Charakter und die leichte, ungekünstelte Singbarkeit unterstützt.

Volkslied – Kunstlied

Literaturbeispiele: Volkslied 16. Jhdt.: „Sie gleicht wohl einem Rosenstock“, Schumann: „Heidenröslein“ op. 67, 3 (vierstimmiger Satz)

BHDJ: Zur Bedeutung der Farbe in der Romantik

Dass wir uns mit Farbe in romantischer Literatur überhaupt auseinandersetzen können, rührt daher, dass in der Romantik überhaupt ein neuer Umgang mit Farbe und Farbigkeit beginnt. Farbe wird jetzt als Qualität entdeckt und gemäß ihrer Wirkung bewusst eingesetzt. Das zeigt sich nicht nur in der Malerei, sondern auch in der Dichtkunst und sogar in der Musik.

In der mittelalterlichen Malerei herrschen die Grundfarben Blau, Rot und Gelb vor. Grün tritt als einzige Mischfarbe und zugleich als Gegenfarbe zu Rot auf. Bei religiöser Thematik ist Gold zunächst noch die Farbe des Hintergrundes. In der Malerei der Romantik dagegen treten die Grundfarben selten rein auf. Sie gehen untereinander Mischungen ein. Dadurch haben wir es mit einer ganzen Palette von Zwischenfarben zu tun.

Die Entwicklung, die die Farbe im menschlichen Bewusstsein vom Mittelalter zur Romantik erlebt hat, kann, passend zur Thematik unserer Lieder, an zwei Beispielen aus der Malerei der entsprechenden Zeit anschaulich werden:

Der mittelalterliche Mensch, seiner selbst noch weitgehend unbewusst, brauchte vom Bild die Bestätigung: Die Welt ist ganz, die Welt ist heil. Dem Betrachter in der Romantik wird dagegen die Aufgabe zugemutet, eine aus dem Weltganzen herausgelöste Einzelstimmung in sich selbst nachklingen zu lassen. Nicht mehr die Welt spiegelt sich in der Leinwand, sondern das individuelle Innenleben des Malers, seine momentane Gestimmtheit, drückt sich darin aus.

Volksmärchen – Kunstmärchen

Der Klarheit der Farbwahl in der Malerei des Mittelalters entspricht auch die Erwähnung der Farbe in den Volksmärchen. So ist die Welt in den Grimmschen Märchen eindeutig gut oder böse, schwarz oder

Abb. 2: 14. Jahrhundert, Frankreich: anonyme Illustration zum „Romaunt de la Rose“, einer der frühesten Versdichtung über eine Rose. Die Rose ist überdimensional groß dargestellt, der Knabe nähert sich ihr mit einer langen Lanze. Die Grundfarben Grün, Rot, Blau sind deutlich voneinander abgesetzt, jedoch bereits im Farbspektrum verschoben nach Giftgrün, Türkis, Pink.

Abb. 3: Mitte des 19. Jahrhunderts, Moritz von Schwindt: „Die Rose“. Die Farben des Bildes orientieren sich, ebenso wie die Thematik, am mittelalterlichen Vorbild. Die Geschichte, die dazu assoziiert werden kann, kennzeichnet durch ihre psychologische Vieldeutigkeit das Bild jedoch eindeutig als ein Werk der Spätromantik [10].

weiß, und so werden neben diesen beiden nur die Farben rot, gelb, blau oder grün erwähnt. Wir wissen, dass Märchen ursprünglich nicht für Kinder, sondern für Erwachsene erzählt wurden. Sie stellten im wahrsten Sinne des Wortes eine volkspädagogische Einführung in die idealisierten Grundphänomene der Welt und des menschlichen Verhaltens dar. Auf der Grundlage der archetypischen, regelhaften Eindeutigkeit des durch die Märchen vermittelten Wertekanons kann jede spätere Abweichung im realen Leben wahrgenommen, unterschieden und eingeordnet werden.

Diese individuellen Abweichungen treten in der Romantik besonders deutlich ins Bewusstsein und werden dort zu Themen der Kunst erhoben. So spiegelt sich im romantischen Kunstmärchen die Vielfalt menschlichen Verhaltens mit bis ans Psychologische heranreichende Details. Zu deren Darstellung reichen die bekannten Grundfarben nicht mehr aus: Alle denkbaren farblichen Zwischentöne werden erwähnt und mit z.T. wortreichen Analogien und Metaphern beschrieben.

Eine ähnliche Analogie wie die zwischen Volks- und Kunstmärchen lässt sich auch zwischen Volkslied und Kunstlied aufzeigen. Im Volkslied tritt die Sprache des Märchens in gereimter Form auf, Gegebenheiten verdeutlichend, die mit einer gewissen Sachlichkeit von außen betrachtet werden. Im Kunstlied dagegen breitet der Dichter seine Innenwelt aus und lässt sie sich durch Naturbeschreibung aussprechen („Es flüstern und singen die Blumen"). Die farbige Natur wird als Metapher für unterschiedliche Seelenzustände genommen. Farbe vermittelt durch den in ihr verborgenen Stimmungsgehalt auf bildhaft verschlüsselte Weise eine emotionale Botschaft [2].

AK: Musikalische Haus- und Lebensregeln

Lassen wir an dieser Stelle Robert Schumann nochmals zu Wort kommen [11]:

„Höre fleißig auf alle Volkslieder; sie sind eine Fundgrube der schönsten Melodien und öffnen dir den Blick in den Charakter der verschiedenen Nationen."

„Die Bildung des Gehörs ist das Wichtigste. Bemühe dich frühzeitig, Tonart und Ton zu erkennen. Die Glocke, die Fensterscheibe, der Kuckuck – forsche nach, welche Töne sie angeben."

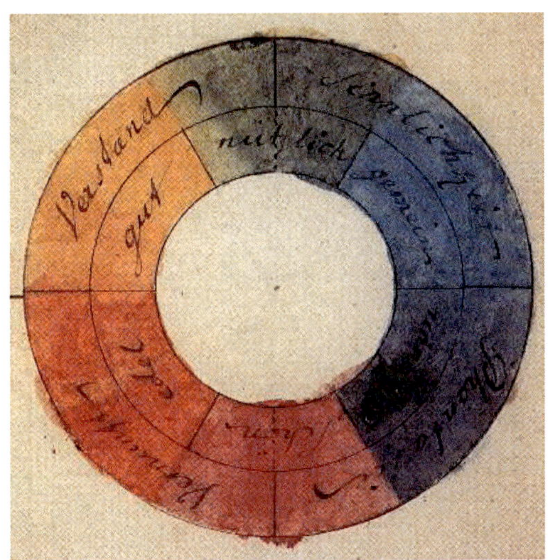

Abb. 4: GOETHE, Johann Wolfgang von: „Farbkreis“, in: www.colorsystem.com

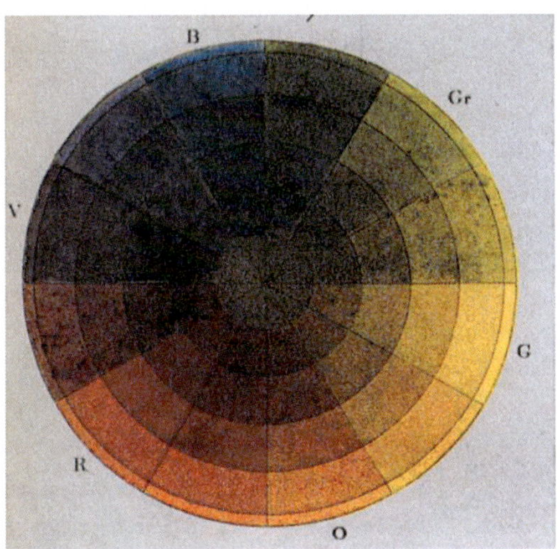

Abb. 5: RUNGE, Philipp Otto: Farbenkugel (1810) [4]. Siehe dazu auch www.colorsystem.com

„Versäume aber keine Gelegenheit, wo du mit Anderen zusammen musicieren kannst, in Duos, Trios etc. Dies macht dein Spiel fließend, schwungvoll...“

„Singe fleißig im Chor mit, namentlich Mittelstimmen. Dies macht dich musikalisch.“

Die Herausforderung im chorischen Singen liegt ja immer im guten, harmonierenden Zusammenklang der Stimmen. Welche Funktion hat „meine“ Stimme, „mein“ Ton innerhalb des Zusammenklanges? Färbt er den Klang traurig, bringt er den Klang zum Blühen, gleicht er den Klang aus, gibt die Dur-Terz wohlige Wärme oder spendet sie gleißendes Licht, provoziert die Septe oder leitet sie eine heitere Entspannung ein? Welche Farbe unterstützt die Aussage, das Wort am deutlichsten? Hierzu ist die Fähigkeit des „Aufeinanderhörens“, des sich Einbindens in einen Gesamtklang, des „Leisesingens“, damit ich die anderen Stimmen überhaupt hören kann, ganz wichtig.

BHdJ: Romantische Kunstlieder für Jugendliche – Volkslieder für Kinder!

Die Entdeckung der eigenen Innerlichkeit und der verschiedenartigen seelischen Stimmungen, auch der für diesen Lebensabschnitt so charakteristischen Stimmungsschwankungen, lassen die Romantik als eine dem Jugendalter verwandte Epoche erscheinen. Aufgrund der Entwicklungsparallele – hier kunstgeschichtlich, dort biographisch – erscheint uns die romantische Liedliteratur deshalb besonders für Jugendliche geeignet. Entdeckung von Farbe in der eigenen Seele und Entdeckung von Farbe im Kunstlied können so Hand in Hand gehen und sich gegenseitig unterstützen. Ähnlich wie das Volksmärchen als „seelische Fingerübung“ für das später eingeführte Kunstmärchen gelten kann, so ist auch eine Kenntnis von Volksliedern für die spätere Wertschätzung von Kunstliedern nicht unerheblich. Wenn es stimmt, dass Kinder Märchen brauchen, so brauchen sie mit gleichem Recht auch Volkslieder. Denn in beiden frühen Gattungen geht es um das Einüben von seelischen Grundfarben, die dann in den Kunstgattungen auf ihre Mischungen hin erweitert werden können. Moderne Kinderlieder und Kindergeschichten haben zwar einen unmittelbaren Alltagsbezug, gerade deshalb sind sie aber schon individuell vorgefärbt.

Der Archetypus im Volkslied dagegen leistet einen wesentlichen Beitrag zur Heranbildung einer Vergleichsbasis, von der sich das Persönliche danach um so wirkungsvoller absetzen und ausbilden kann [9].

Vokal – Farbe – Geste

Um die Erweiterung des harmonischen Farbspektrums in der romantischen Liedliteratur am praktischen Beispiel auskosten zu können, stellen wir dem vierstimmigen Satz von Schumanns „Heideröslein" eine Volksliedfassung aus dem 16. Jahrhundert gegenüber, von der sich Goethe nachweislich zur Verfassung seines Textes hat anregen lassen.

Der Tanzcharakter des Volksliedes hebt besonders das rhythmische Element hervor. Eine differenzierte Textausdeutung ist offensichtlich nicht vorgesehen. Ganz anders im Kunstlied, das, obgleich es sich um ein Strophenlied handelt, allein schon durch seine Harmonik den Interpreten Gestaltungsmöglichkeiten anbietet.

Vom Text ausgehend, entscheiden wir uns zunächst bei jeder einzelnen Strophe für einen prägnanten Vokal, der durch seinen Charakter die Grundaussage des Textes am deutlichsten zum Ausdruck bringt. Ein solcher Grundvokal tritt oft in einer Strophe an dominanter Stelle oder mit einer gewissen Häufigkeit auf. Damit geben wir der von uns beabsichtigten Interpretation bereits eine erste Ausrichtung. Zum Beispiel:

1.Strophe: Der Knabe beugt sich liebevoll zum Röslein nieder – O.

2.Strophe: Knabe möchte die Rose haben – A.

3.Strophe: Der wilde Knabe wird zudringlich – I.

Sodann versuchen wir gemeinsam, Analogien herzustellen zwischen dieser vokalischen Grundstimmung, einer ihr entsprechenden Farbe und bestimmten Körpergesten. Mit Kindern und Jugendlichen kann dies leicht in spielerischer Form geschehen, indem man z.B. Kopfbedeckungen oder farbige Kleidungsstücke zu den einzelnen Vokalen erfindet. So lässt sich z.B. zum „I" leicht ein spitzer, grüngelb leuchtender Zauberhut assoziieren. Der Hut kann mit hoch über dem

Kopf zusammengeführten Armen dargestellt werden, die Hände zeigen die Spitze der Zipfelmütze an. Solche Vokalgesten helfen uns zunächst, den Charakter des Vokals sichtbar zu machen. Sie rufen jedoch darüber hinaus eine deutliche Verstärkung des Vokalklangs hervor!

Interessant wird es nun, wenn wir die Textinterpretation über den Grundvokal hinausgehend weiter ausdifferenzieren. Dies kann geschehen, wenn die musikalische Harmonik des betreffenden Abschnittes einen besonderen Ausdruck nahelegt, den wir gerade durch Färbungen der Textvokale erreichen können. Dazu singen wir dann zwar den vorgeschriebenen Textvokal, führen aber gleichzeitig die Geste eines anderen Vokals aus. So kann das „E“ am Ende der ersten Textzeile in „Röslein auf der Heiden“ in unserem Falle in der ersten Strophe durch eine O-Geste eine rundere Klangfärbung nach Ö annehmen, in der zweiten Strophe mit A-Geste offener nach Ä klingen, in der dritten dagegen mit begleitender I-Geste wesentlich heller, gleißender ausfallen. Wir vollziehen also auf klanglicher Ebene genau das, was der Maler mit seinen Farben vornimmt, wenn er ein Gelb und ein Rot zu einem Orange mischt.

Beim abschließenden gemeinsamen Singen mit den entsprechenden Gesten kommen auf diese Weise differenzierte Vokalmischungen und Klangfärbungen zustande, die uns ermöglichen, die zuvor besprochene Textaussage der drei Strophen noch deutlicher voneinander abzusetzen. Wir haben den Punkt erreicht, an dem Musik und Sprache im Dienste einer beabsichtigten Interpretation zusammenwirken. Hier tut sich ein breiter Raum für weiteres Experimentieren auf.

Zusammenfassung:

Aufgabe jeden Gesangsunterrichtes ist es, zunächst die technischen Voraussetzungen für die Handhabung des Gesangsinstruments zu schaffen, dann verschiedene Interpretationsmöglichkeiten herauszuarbeiten und ausprobieren zu lassen, und schließlich die Entscheidung für eine individuelle Lösung zu unterstützen. Diese kann dann im Augenblick der Darstellung sowohl für den Interpreten als auch für die Zuhörer überzeugenden Wahrheitscharakter haben.

Unser Ansatz, den Aspekt der Farbe in Sprache und Musik aufzuspüren und hörbar zu machen, möchte als ein Versuch gelten, einen möglichen Zugang zur Interpretation aufzuzeigen. Wir hoffen, damit Anstöße zur kreativen, eigenständigen Weiterarbeit gegeben zu haben und bedanken uns bei den Teilnehmern sehr herzlich für die rege und begeisterte Mitarbeit, die diese Workshop-Entdeckungsreise auch für uns zu einem Erlebnis werden ließ!

Literaturangaben

[1] Brandstätter, Ursula: Bildende Kunst und Musik im Dialog, Forum Musikpädagogik, Bd. 60, Wißner, Augsburg 2004

[2] De la Motte-Haber, Helga: „Es flüstern und sprechen die Blumen...“, In: Zeitschrift für Literaturwissenschaft und Linguistik/Lili, 1979, Heft 34: Das Lied, S.70-79

[3] Fischer-Dieskau, Dietrich: „Töne sprechen, Worte klingen. Zur Geschichte und Interpretation des Gesangs“, Piper 1985

[4] Gage, John: Kulturgeschichte der Farbe von der Antike bis zur Gegenwart, Seemann, Leipzig, 2001, S. 194

[5] Goethe, Johann Wolfgang von: Zur Farbenlehre. Didaktischer Teil. Dtv Gesamtausgabe Bd. 40, München 3/1974, Sechste Abteilung: „Sinnlich-sittliche Wirkung der Farbe“

[6] Hoos de Jokisch, Barbara: Verlust der Stimme – Verlust des Körpers? in Schott, Üben&Musizieren 3/2003, S. 6 ff

[7] Martienssen-Lohmann, Franziska: Das bewusste Singen, Kahnt, 1923 (Reprint 1989), Kapitel III. „Über die Vorstellung von Farbe und Beleuchtung der Töne“

[8] Martienssen-Lohmann, Franziska: Stimme und Gestaltung, Kahnt, 1927 (Reprint 1993)

[9] Mohr, Andreas: Wünsche des Kinderstimmbildners an Qualifikationen und Ausbildung von Erzieherinnen und Grundschullehrerinnen, in: Fuchs, Michael: Singen und Lernen 1, Logos Berlin

[10] Roscher, Wolfgang (Hrsg.): Integrative Musikpädagogik, Teil 1, Theorie und Rezeption, Beispiele gesamtkünstlerischer Interpretation, Heinrichshofen, Wilhelmshaven 1983, darin: „Perspektiven einer ‚Widersprüchlichen Romantik' für die polyästhetische Interpretation"

[11] Suhmann, Robert: Musikalische Haus- und Lebensregeln, Bärenreiter Kassel, 1964

Physiologie des Rock-/Popgesangs

Michael Büttner

Wozu bedarf es einer besonderen Beschreibung der physiologischen Abläufe des Musical-, Schlager-, Jazz-, Rock- oder Popgesangs? Mit an Sicherheit grenzender Wahrscheinlichkeit wird niemand vermuten, andersartige Kehlköpfe bzw. Stimmlippen in den Hälsen von Popsängerinnen und -sängern zu finden als bei ihren klassisch singenden Kollegen. Zumal einige Vertreter des klassischen Kunstgesangs uns erfolgreich ihre Seitensprünge ins Popmusikfach demonstriert haben (z.B. Eileen Farrell oder Peter Hofmann), gleiches gilt für Popmusiksänger, die sich im klassischen Fach ausprobieren konnten (z.B. Michael Bolton oder Barbara Streisand). Dennoch gibt es deutlich hörbare Ungleichheiten zwischen beiden Gesangsstilen zu vernehmen und andersartige Ausdrucksgesten zu beobachten, die auf unterscheidbare Funktionsmuster schließen lassen. Von diesen soll im weiteren Verlauf die Rede sein. Da nahezu alle der eben genannten Stilrichtungen ihren Ursprung in der Volksmusik haben, also im weitesten Sinne Popularmusik sind, will ich der Einfachheit halber dafür im weiteren Verlauf dieser Abhandlung die Bezeichnung „Popmusik“ verwenden, auch wenn eine solche Verfahrensweise Anlass zu kontroverser Diskussion sein könnte.

Stilistische Wurzeln

Bevor jedoch das Zusammenwirken der stimmgebenden Organe beim Popgesang näher betrachtet werden soll, lohnt es sich, die historischen Ursprünge der beiden Stile näher zu beleuchten. Die Wurzeln des klassischen Kunstgesangs lassen sich mit relativer Sicherheit in den Klangstrukturen der monodischen Gesänge der Gregorianik orten, so wie sie im mittelalterlichen Italien in den romanischen Hallenkirchen aufgeführt und von dem Florentiner Kunstkreis „La Camerata“ im 16. Jahrhundert für den Bereich des Operngesangs weiter entwickelt wurden. Damaliges Anliegen war es, die menschliche Stimme unter den akustischen Gegebenheiten großer Räume in ihrer absoluten Reinheit und Schönheit zum Klingen zu bringen. Jegliche Nebengeräusche wie Behauchtheit oder Knarren der Stimme wirkten hierbei störend, wobei der textuelle Gehalt des Gesanges wieder stärker zum Tragen kommen sollte, als in vorangegangenen Stilepochen. „Prima le parole, poi la musica", so lautete der Wahlspruch dieser neuen Bewegung. Folglich galt es für die hoffnungsvollen Sänger, langwierige Ausbildungsprogramme zu absolvieren, um dem Ideal des schönen Gesanges gerecht zu werden. Nicht selten dauerte ein solches Studium bis zu sieben Jahre. Neben reinen Übungen zur Stimmbildung waren es gleichermaßen genau festgelegte aufführungspraktische Regeln, die exakt erlernt und beherrscht werden mussten, so zum Beispiel Verzierungs- und Improvisationstechniken. Auf diese Weise bildete sich über die Jahrhunderte ein Stimmideal heraus, der Belcanto, der auf den Opern- und Konzertpodien in heutiger Zeit gleichermaßen anzufinden ist. In der weiteren aufführungspraktischen Entwicklung kamen neben den eingangs erwähnten Schönheitskriterien noch andere Parameter verstärkt zum tragen. So wuchsen mit immer größeren Aufführungsorten und immer stärker werdenden Begleitorchestern die klanglichen Anforderungen an die Sänger, was Lautheit und Tragfähigkeit betrifft. Darüber hinaus wurde von den Künstlern bei ihrer stimmlichen Darbietung immer ein ausbalanciertes Wort-/ Tonverhältnis erwartet – eine Verpflichtung, die auf Grund der akustischen Gegebenheiten besonders der weiblichen Singstimme nicht immer einlösbar ist. Wer heute in die Oper geht oder einen Liederabend besucht, möchte sich an den Ergebnissen dieser jahrhundertealten Entwicklung erfreuen, und ist gern bereit, die klanglichen und aufführungspraktischen Eigenheiten dieser vokalen Genres in Kauf zu nehmen.

Daneben gibt es ca. seit Beginn des 20. Jahrhundert Musikrichtungen, die sich ursprünglich aus der Volksmusik speisten und auf den Geschmack eines breiten Publikums zielten. So begann sich vor allem in den USA der Blues der schwarzen Bevölkerung – hervorgegangen aus den Spirituals und den Worksongs – zu etablieren, während sich weiße Bevölkerungsschichten in ihren populären Musizierrichtungen überwiegend der Strukturen irisch-keltischer Balladen bedienten. In den 50er Jahren des 20. Jahrhunderts begannen diese beiden Hauptrichtungen der Popularmusik ergänzt durch spanisch-lateinamerikanischen Stilistiken auf vielfältigste Art zu fusionieren und bis in die heutige Zeit immer neue Ausdrucksformen zu kreieren, wie

Rock, R&B, Popballade, Metal oder Techno. Die Popmusik erfindet sich folglich immer wieder neu, Musikstile werden munter miteinander gemixt, Ziel der Sängerinnen und Sängern ist es, durch ihren Personalstil unverwechselbar zu werden. Anders als im klassischen Kunstgesang gibt es dabei nahezu keine vorgegebenen aufführungspraktischen Institutionen. Die Rahmenbedingungen, unter denen diese Musik aufgeführt wird, sind einem ständigen Drang zur Erneuerung und Originalität unterworfen. Eine Band spielt heute in einem großen Stadion, morgen in einer stillgelegten Maschinenhalle, ehe anderntags ein leeres Schwimmbecken als Aufführungsort herhalten muss. Auch die Klänge der menschlichen Stimme erfinden sich unter diesen Umständen immer wieder neu, ein Klang, der heute noch ein Millionenpublikum begeistert, kann in der nächsten Saison schon ziemlich verstaubt wirken und muss durch eine neue Soundkreationen ersetzt werden. Ausgedacht und erfunden wird diese Musik zumeist nicht im klassischen Sinne am Schreibtisch eines Komponisten oder Dichters. Vielmehr entsteht diese moderne kommerzielle Musik in den unterschiedlichst ausgestatteten Tonstudios durch ein immer wieder Ausprobieren neuer Klangmuster unter Einbeziehung des allermodernsten technischen Equipments.

Gibt es trotzdem einige klangliche, gewissermaßen übergeordnete Gemeinsamkeiten des Popgesangs? Zunächst die Wichtigste: Nahezu ausschließlich wird diese Musik elektroakustisch verstärkt dargeboten, sodass alle Klangfarben der Stimme zur Verfügung stehen und auch genutzt werden: vom leisesten Hauchen bis hin zum exaltierten Schrei. Durch die Nutzung des Mikrofons kann die Stimme im Bereich ihrer natürlichen Klanggebung bleiben und benötigt in den meisten Fällen keine resonatorisch artifizielle Überformung wie es beim klassischen Gesang häufig der Fall ist. Da die meisten Popsänger eine mehr oder minder elaborierte Textbotschaft vermitteln wollen, orientiert sich ihr Stimmklang stark an sprechsprachlichen Mustern. Alles, was auch nur einen geringen gekünstelten Anschein erweckt, wird vehement abgelehnt.

Funktionsmuster der Singstimme beim Popgesang – vergleichende Analyse

Wenden wir uns nun endlich den Funktionsmustern des Popgesangs zu. Bei dieser Analyse wollen wir ebenso vorgehen wie allgemein in der Gesangspädagogik üblich und unterscheiden die Funktionskreise Atmung, Stimmerzeugung und Klangformung. Tabelle 1 gibt einen Überblick über die wesentlichsten Unterschiede und Gemeinsamkeiten beider Stilrichtungen:

Funktionskreis Körperhaltung/Atmung	
Klassischer Kunstgesang	**Popgesang**
aufrecht, ruhig („Wirbelsäulenstreckhaltung“)	beweglich, tänzerisch rhythmisiert
elastischer Grundtonus	elastischer Grundtonus
kombinierte Atmung	kombinierte Atmung
zwerchfellgeleitete Tiefatmung zur Sicherstellung eines weiten geöffneten Kehlraumes	überwiegend Brustkorbatmung zur Gewährleistung einer neutralen Kehlkopfposition
Angepasstes Atemvolumen für lange Phrasen	„micro breathing“

Tab. 1: Unterschiede und Gemeinsamkeiten der Körperhaltung und Atmung beim klassischen Kunstgesang und beim Popgesang

Augenfälligster Unterschied im Bereich Atmung / Körperhaltung ist die Tatsache, dass beim Popgesang eine Haltung des Körpers im Hinblick auf eine ruhige Verankerung des Kehlkopfes nicht erforderlich ist. Ebenso ist das Bewegen großer Atemvolumina zur Öffnung der Kehle nicht erforderlich. Vielmehr gilt es, kleine Atemportionen („micro breathing“) zu nehmen, die jedoch schnell, manchmal integriert in den künstlerischen Ausdruck, ausgeführt werden sollten.

Tabelle 2 vermittelt einen Überblick zum Geschehen innerhalb des Kehlkopfes selbst.

Funktionskreis Stimmlippen / Kehlkopf

Klassischer Kunstgesang	**Popgesang**
Tiefstellen des Kehlkopfes	Kehlkopf in neutraler Position („speech level“)
Aufrichtung des Kehldeckels	Kehldeckel geneigt bis fast geschlossen
mittlere bis geringe Adduktion der Stimmlippen	starke Adduktion der Stimmlippen
Feinregulierung des subglottischen Druckes	erhöhter subglottischer Druck zum Erhalt stärkerer Expressivität

Tab. 2: Unterschiede und Gemeinsamkeiten der Kehlfunktion beim klassischen Kunstgesang und beim Popgesang

Bei der Kehlfunktion sind die unterschiedlichen Öffnungsgrade der Kehle von größter Auffälligkeit. Die Abbildungen 1 und 2 sollen das verdeutlichen (aus: Sadolin: Complete Vocal Technique).

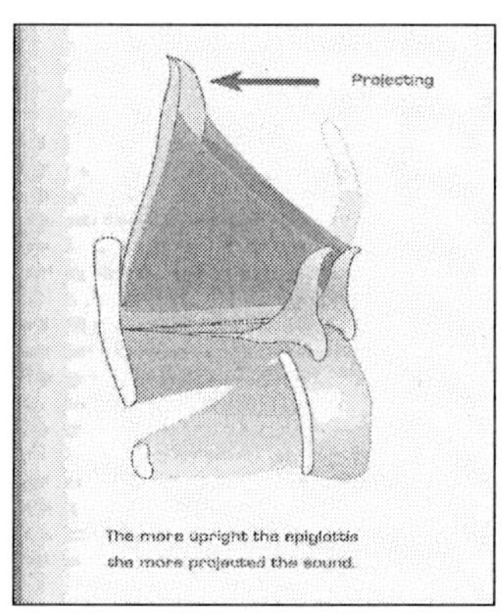

Abb. 1: Kehlöffnung beim klassischen Gesangs

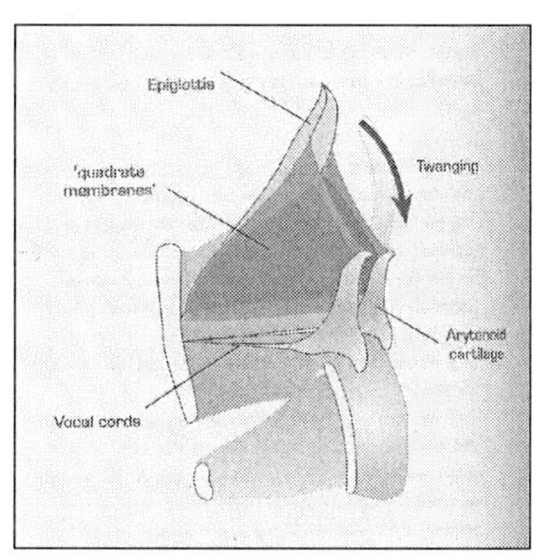

Abb. 2: Kehlöffnung beim Popgesang

Abbildungen 3 und 4 zeigen die daraus resultierende Formung des supraglottischen Raumes (aus: Sadolin: Complete Vocal Technique).

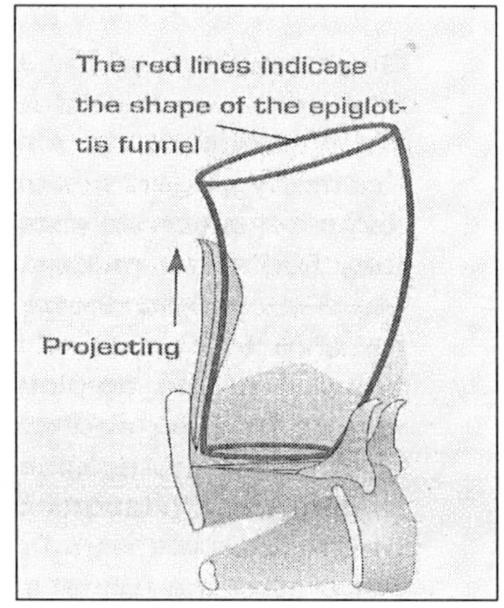

Abb. 3: Durch die Senkung des Kehlkopfes hervorgerufene Weitung des supraglottischen Raumes zum Erzielen eines tragfähigen, lauten Stimmklangs

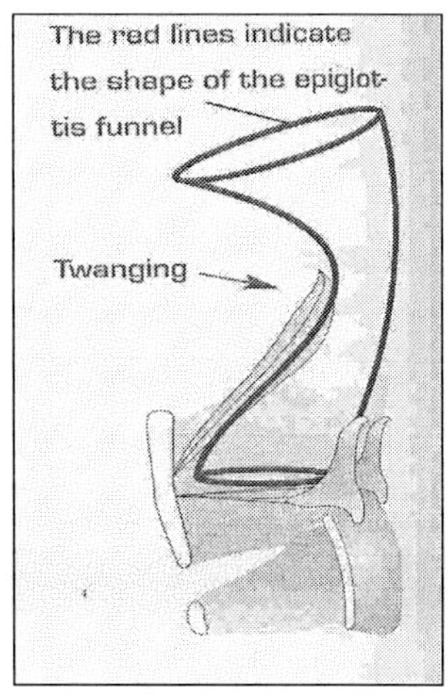

Abb. 4: Durch die neutrale Position des Kehldeckels entsteht eine typische, leicht verengte Formung des supraglottischen Raumes

Durch die in Abbildung 4 gezeigte Form erreicht der Sänger die typische, an den Klangstrukturen des Brustregisters orientierte Mischung des Stimmklangs. Auffällig ist bei Popsängern weiterhin, dass ihre Stimmlippen bei der Phonation innerhalb eines Schwingungszyklus' um ca. 20-25 % länger geschlossen bleiben und oftmals größere adduktive Kräfte verwendet werden. All das trägt dazu bei, die Stimme vor allem in den höheren Lagen mit der für den Popgesang typischen Expressivität führen zu können.

Tabelle 3 gibt Aufschluss über das Geschehen im Bereich des Vokaltraktes.

Die Abbildungen 5 und 6 verdeutlichen anschaulich die verschiedene Formung der Mundöffnung bei den beiden Gesangsstilen. Die in Abbildung 5 gezeigte Form wird benutzt, um den klassischen Stimmklang italienischer Prägung über den gesamten Stimmumfang auf-

Funktionskreis Vokaltrakt / Resonanz

Klassischer Kunstgesang	**Popgesang**
gedecktes Singen durch Tiefstellung des Kehlkopfes („chiaroscuro“)	neutrale bis stark hochgezogene Kehlkopfposition
Aufrichtung des Kehldeckels, Erweiterung der Ansatzräume und Abdunkeln der Vokale	schlanke Resonanzräume
runde Lippenformung	neutrale bis breite Lippenformung
Vokalausgleich	natürliche, am Sprechklang orientierte Vokalisation

Tab. 3: Unterschiede und Gemeinsamkeiten des Vokaltraktes beim klassischen Kunstgesang und beim Popgesang

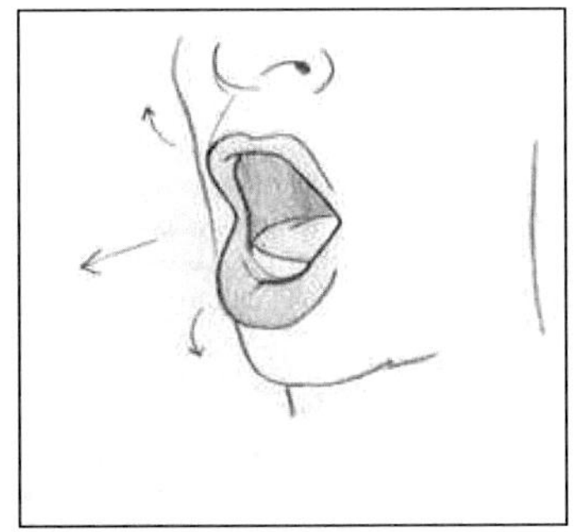

Abb. 5: Form der Mundöffnung beim klassischen Kunstgesang

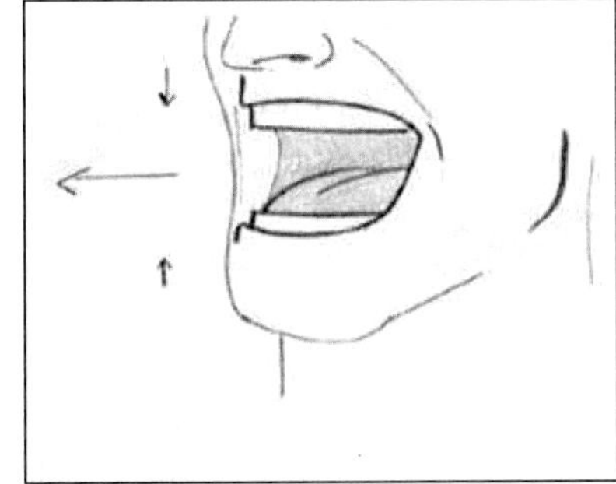

Abb. 6: Form der Mundöffnung beim Popgesang

recht erhalten zu können („chiaroscuro" – zu Deutsch: helldunkel). Ein anderes, ganz wesentliches Unterscheidungsmerkmal leitet sich aus dem Zusammenwirken der drei beschriebenen Funktionskreise ab: das sängerische Vibrato. Abbildung 7 soll das zeigen.

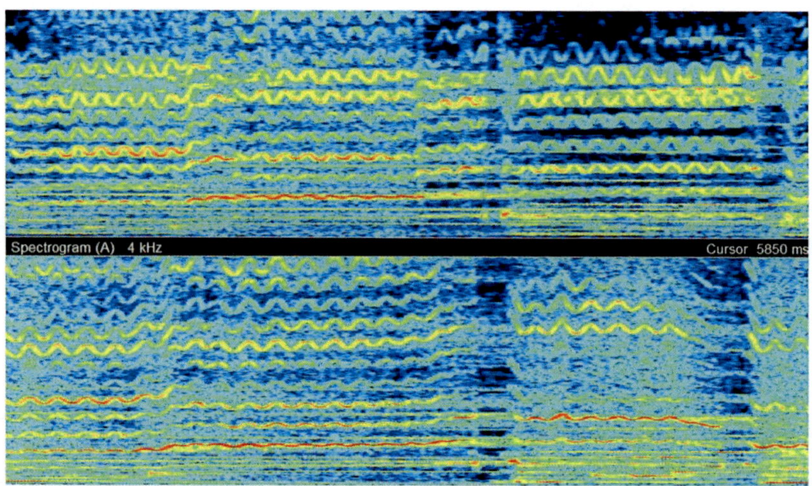

Abb. 7: Stimmspektren eines Opernsängers (obere Bildhälfte) und eines Rocksängers, der versucht, Operngesang zu imitieren (untere Bildhälfte). Beide intonieren den gleichen Abschnitt aus den Arie des Radames aus der Oper „Aida" von Giuseppe Verdi

In Abbildung 7 ist an den gleichmäßigen Wellenformen in der oberen Bildhälfte deutlich das gleichmäßige Vibrato des Opernsängers zu erkennen, welches bei Tonhöhen- und Vokalwechsel weitgehend aufrecht erhalten werden kann. All das ist dem Rocksänger (untere Bildhälfte) nur ansatzweise möglich, und er wird vermutlich beim Singen in seinem eigenen Metier diese Vibratoqualität tunlichst vermeiden.

Die sängerische Intention beim Popgesang

Eine vergleichende Abhandlung über die Physiologie des Popgesangs sollte nicht enden, ohne die unterschiedlichen Ausdruckshaltungen beider Stilrichtungen zur Sprache zu bringen. Dazu sollten wir uns

zunächst darüber im Klaren sein, das in beiden Genres Stimmklänge von höchster Intimität bis hin zu maximaler Expressivität zur Verfügung stehen müssen. Wenn diese vorhanden sind, wird die jeweils gewünschte Ausdrucksintention immer ein entsprechendes akustisches Korrelat finden, welches es dem Zuhörer ermöglicht, die dargestellte Emotion zu erkennen und nachzuvollziehen. Dennoch bedienen sich beide Stile unterschiedlicher Grundhaltungen des sängerischen Ausdruckes. Die jahrhundertealte Tradition des klassischen Kunstgesangs italienischer Prägung hat beim Zuhörer zu einer ziemlich stabilen Erwartungshaltung bei der Wahrnehmung und Beurteilung von stimmlichen Leistungen geführt. Der mehr oder weniger geschulte Zuhörer erkennt meist sofort, ob eine Stimme ihm gefällt, ob sie schön ist, zumal durch die weltumspannende mediale Präsenz von klassischen Sängerinnen und Sängern (z.B. Luciano Pavarotti, Anna Netrebko u.v.a.m.) permanent hochwertige Vergleichsmuster verfügbar sind. So werden wir zu akzeptieren haben, dass klassische Sängerinnen und Sänger sich diesem Klangideal weitgehend verpflichtet fühlen und ihre Stimmgebung daran ausrichten, schön zu singen. Um dieses Klangideal zu erreichen, müssen die oben beschriebenen Funktionskreise auf besondere, oftmals langwierig erlernte Art und Weise zusammenwirken. Dabei bedarf es je nach Qualifikationsgrad des Sängers einen mehr oder minder erforderlichen Umfang an stimmlicher Kontrolle mit der dazugehörenden Innenschau, die auch dann (hoffentlich) nicht aufgegeben wird, wenn höchst exaltierte Stimmklänge intoniert werden.

Ganz anders stellt sich diese Problematik im Popgesang dar. Wie wir eingangs bemerkten, lebt dieser Gesangsstil vom permanenten Wechsel, werden vertraute Klänge oftmals bunt durcheinander gemixt, um immer wieder in neuem Gewand zu erscheinen. Alles ist dabei möglich, alles ist erlaubt. Gleichwohl sind allen Stilrichtungen des Popgesangs folgende Merkmale gemeinsam: eine unbedingt nach außen gerichtete Ausdrucksintensität, ein Sendungsbewusstsein für die Botschaft des gesungenen Textes sowie eine unmittelbare Kontaktsuche zum Publikum. All dieses führt dazu, dass je nach Qualifikationsgrad des Sängers, sowie abhängig von der konkreten Stilrichtung, auf die Kontrolle des Stimmklangs mehr oder weniger verzichtet wird und das vom Publikum auch so erwartet und gut geheißen wird. Diese Art der direkten Präsentation hat einen sehr zutreffenden Ausdruck im englischen Sprachraum gefunden: „Face it!“ – im Sinne von: Mach uns nichts vor, sei ehrlich! Gewiss ist es auch diese Ehrlichkeit, die der Popmusik zu ihrem weltweiten Erfolg in den letzten 60 Jahren verholfen hat.

Literaturangaben

[1] Baxter, M.: The Rock-n-roll Singer's Survival Manual. Hal Leonard Publishing Co., 1990

[2] Bunch, M. und Cynthia Vaughn: The Singing Book. W.W. Norton & Company, New York, 2004

[3] Freytag, M.: Stimmausbildung in der Popularmusik. Henschel-Verlag Berlin, 2003

[4] Klausmeier, F.: Belcanto und Pop. Augsburg, 1999

[5] Lyons, J. und Lanelle Stevenson: Principles of Pop Singing. Schirmer Books, New York, 1990

[6] Reinders, A.: Atlas der Gesangskunst. Bärenreiter, Kassel, 1997

[7] Riggs, S.: Singing for the Stars. Alfred Publishing Co., Van Nuys, CA, 1992

[8] Sadolin, Catherine: Complete Vocal Technique. Copenhagen, 2000

[9] Stone, R.E., Thomas F. Cleveland and Johan Sundberg: Formant frequencies in country singers' speech and singing. Voice 1999; 13: 161-167

[10] Stone, R.E. et al.: Aerodynamic and acoustical measures of speech, oper atic, and broadway vocal styles in a professional female singer. Voice 2003; 17: 283-297

[11] Sundberg, J. et al.: Voice source characteristics in six premier country singers. Voice 1999; 13: 168-183

Mund auf - Ton ab!
Musical singen mit Kindern und Jugendlichen

Michael Büttner, Jens Blockwitz

Nachdem im ersten Teil des Workshops ein popular-gesangsdidaktischer Ansatz präsentiert wurde, ging es in den folgenden 45 Minuten um Ensemble-Warm-ups, die Koordination von Body-Percussion und Sprache und um die Gestaltung des Titelsongs aus dem Musiktheaterstück „Die Dritte Welle“.

Ensemble-Warm ups

Anstellschritt und „Du-Die-Der-Da“ Übung:

rechter Fuß nach rechts (RR) - linken Fuß an rechten Fuß anstellen (LR) - linker Fuß nach links (LL) - rechten Fuß an linken Fuß anstellen (RL)

Dieser Anstellschritt ist dazu gedacht, Jugendliche rhythmisch in Bewegung zu bringen und ihnen eine körperliche Wahrnehmung des Metrums zu vermitteln. Den Anstellschritt kombiniert man nun mit der „Du-Die-Der-Da-Übung“:

Diese Übung dient zur körperlichen Aktivierung des Schülers, Hebung des Gaumensegels und impliziert eine stetige Öffnung des Mundes (bei „du“ ist der Mund relativ weit geschlossen, bei „da“ relativ weit geöffnet). Sie ist ein Beispiel für die akzentuierte, konsonantenbetonte populäre Gesangstechnik. Je nach Steigerungsgrad der Übung ist es möglich, auf der zweiten und vierten Viertel jeden Taktes einen Klatscher oder Schnipser zu platzieren (Off-Beat).

Die nächste Variation besteht in der Interpretation der einzelnen Silben (du, die, der, da).

Ich forderte die Teilnehmer auf, sich zu zweit gegenüberzustellen und sich anzusingen.

Dabei sollten die Silben eine unterschiedliche, emotionale Bedeutung bekommen (Euphorie, Angst, Ekel, Verunsicherung). Ähnliches ist möglich, wenn man kleine Kreise von acht Teilnehmern bildet und ein spontanes Ansingen initiiert.

Im nächsten Schritt liefen alle ungeordnet durch den Raum und sangen einen anderen Workshopteilnehmer an, der sich ihnen näherte. Diese Aktion schult das Pausen-Timing während man sich auf der Bühne bewegt. Ziel ist es, nach einem Takt Pause wieder mit einem neuen Partner „versorgt“ zu sein und diesen mit der gleichen Übung anzusingen.

Vokaler Sonnenaufgang

Die nächste Übung, die Jugendliche erfahrungsgemäß gerne ausführen, nenne ich „Vokaler Sonnenaufgang“.

Hierzu singt man den Vokal „A“ auf dem Ton „c“ über folgender Kadenz:

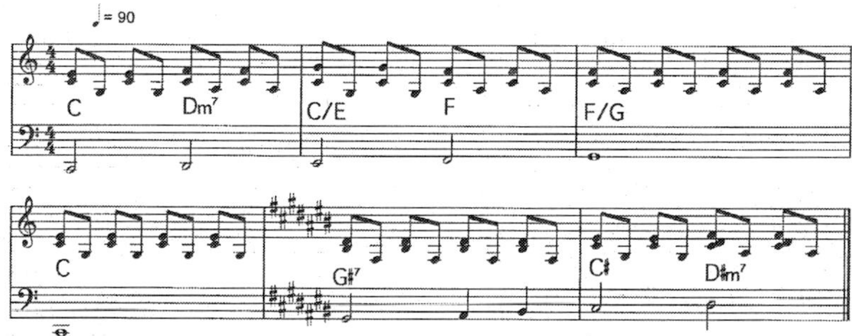

Die Klavierbegleitung, wie auch der ausgehaltene Vokal werden chromatisch nach oben oder unten geführt. Dabei singt man den Ton auf verschiedenen Vokalen (A, E, I, O, U, Umlaute und Schwahlaute). Das Interessante ist, dass der Ton in jeder Harmonie der o.a. Kadenz eine andere Funktion erhält und damit die Harmonie unterschiedlich färbt. Diese Tatsache und die aufsteigende Basslinie können mit etwas Phantasie den Begriff „Vokaler Sonnenaufgang" rechtfertigen.

Ziel dieser Übung ist es, einen gemeinsamen Gruppenklang zu finden, indem man „hellklingende" Vokale anstrebt, die im Gegensatz zu der manchmal abgedunkelten klassischen Gesangstechnik stehen. Das ist u.a. möglich, wenn man sich zu zweit ansingt oder eine Hand vor den Mund hält, um die eigene Stimme besser zu hören und wahrzunehmen.

Koordination von Body Percussion und Sprache

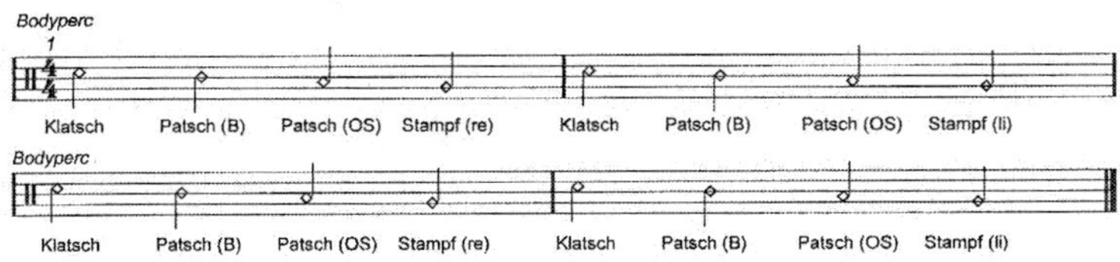

Erklärung: Patsch (B) = Patschen mit beiden Händen auf der Brust
Patsch (OS) = Patschen mit beiden Händen auf den Oberschenkeln
Stampf (re) = Stampfen mit rechtem Fuß, Stampf (li) = Stampfen mit linkem Fuß

Nachdem alle Teilnehmer die o.a. Gesten verinnerlicht hatten, wurden Schilder hochgehalten, auf denen die Zahlen 1,2,3 und 4 standen. Aufgabe war es, die Gesten auszuüben, deren Schilder (Zahlen) in die Luft gehalten wurden.

Die Zahlen bedeuteten:

Zahl 1 = Klatsch,
Zahl 2 = Patsch (B),
Zahl 3 = Patsch (OS),
Zahl 4 = Stampf (re/li)

Diese Übung ist eine attraktive und witzige Möglichkeit, die Körperkoordination, Reaktionsschnelligkeit und das Metrum eines 4/4 Taktes zu trainieren, ggf. in den Pausen innerlich weiterzuzählen.

Gestaltung des Titelsongs aus „Die Dritte Welle"

Zu dieser durchgehenden Bodypercussion-Abfolge sprachen wir immer wiederkehrend den rhythmisierten Slogan „Stärke durch Disziplin - Stärke durch Gemeinschaft - Stärke durch Aktion".

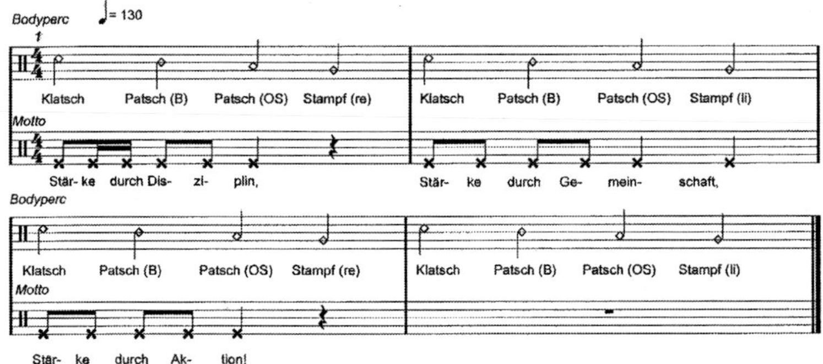

Dieses Motto wird danach neu rhythmisiert und gesungen in den Titelsong der „Dritten Welle" integriert.

Wie man an dem folgenden graphischen Ausschnitt erkennen kann, ist ein Teil des Titelsongs in drei unterschiedliche Gruppen eingeteilt. Hat man in einer Schulklasse oder in einer Theatergruppe gesanglich unerfahrene Teilnehmer, dann sollte man sie der Sprech-/Bewegungsgruppe zuordnen. Die restlichen, gesangstalentierten Schüler werden in die melodieführende Frauenstimme und in den repetierenden Männerpart eingeteilt.

Beherrschen die Schüler ihre jeweiligen Parts, dann geht man in die nächsten Schritte über:

- den ganzen Song singen und vom Klavier aus begleiten
- die Teilnehmer in Szene setzen und danach von der Szene in den Song führen
- Abschlusserlebnis mit dem originalen Bandarrangement des Playbacks

In diesem Workshop gehe ich vom Prinzip des Elementaren aus (Anstellschritt, einen Ton aushalten, eine schnell erlernbare Bodypercussion). Über erste Elemente der Interpretation (Du, Die, Der, Da-Übung) gelangt man schließlich zur Interpretation des Textes (Songerarbeitung, von der Szene in den Song).

Wichtig sind dabei schnell nachvollziehbare Ergebnisse, um der Ungeduld der Kinder und Jugendlichen nachzukommen.

Möchte man mit Kindern und Jugendlichen ein Musical aufführen, muss man sich Gedanken um den Inhalt des Stückes und die Schwierigkeit der Musik machen.

Frage: Was ist „machbar"?

„Die Dritte Welle“ stellt hinsichtlich des Schwierigkeitsgrades ein durchaus „machbares“ Stück in diesem Genre dar. Sowohl die Gesangspassagen als auch die Bandarrangements können von Schülern bewältigt werden. Darüber hinaus liefert das Stück einen Lebensweltbezug für Jugendliche. Sie spielen Schüler - Figuren, die sie aus ihrem alltäglichen Leben kennen.

Nähere Infos zu dem Stück „Die Dritte Welle“
gibt es auf der Homepage von Jens Blockwitz www.blockwitz.com

Johann Sebastians heimlicher Groove oder die Bedeutung der Verkörperung der Musik für das Chorsingen im klassischen und jazz-verwandten Bereich

Christoph Schönherr

Zentrum des Workshops bilden zwei Probenausschnitte, in denen exemplarisch gearbeitet wird an

1. *Nr.3 Quia fecit (For he, the mighty one)* aus: *Magnificat – The Groovy Version of Ox* von Christoph Schönherr und

2. *Nr.23b Lässest du diesen los* aus: *Johannes-Passion BWV 245* von Johann Sebastian Bach.

Dabei soll die Bedeutung der Verkörperung der Musik für das Chorsingen näher beleuchtet werden. Ein zentraler Aspekt hierbei ist der so genannte *Groove.* Bezogen auf den Chorgesang im Jazz und jazzverwandten Bereich dürfte diese These wohl unwidersprochen bleiben. Aber hat sie auch Gültigkeit für den klassischen Chorgesang?

Ausgangspunkt soll zunächst der Satz *Quia fecit* aus meinem Magnificat sein. Das Magnificat, der Lobgesang Marias steht am Anfang des Lukas-Evangeliums (Lk 1,46 – 55). Es ist die Geschichte vor der uns allen bekannten Weihnachtsgeschichte. Hier erfährt die Magd Maria, dass sie von niemand Geringerem als Gott ein Kind empfangen wird. Sie ist schier außer sich vor Freude und kann es gar nicht fassen, warum gerade sie die Auserwählte ist: (Die wörtliche Übersetzung des lateinischen Textes in Nr.3: *Denn er hat Großes an mir getan hat er an mir Großes, der mächtig ist und heilig [ist] sein Name, und seine Barmherzigkeit [waltet] von Geschlecht zu Geschlecht über die ihn Fürchtenden*).

Ich habe diesem Satz einen *Funk-Groove* zugrunde gelegt, dessen Sechzehntel triolisch aufzufassen sind.

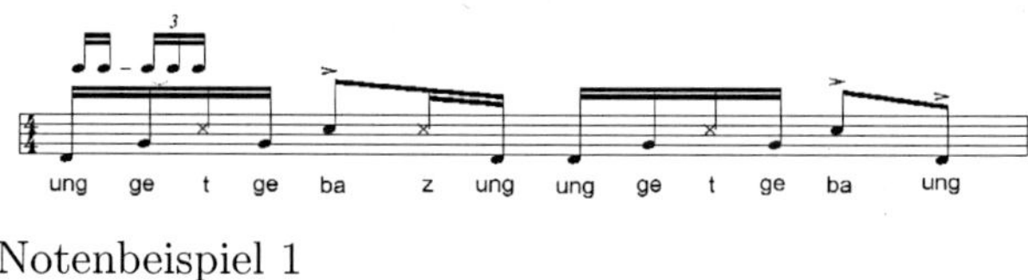

Notenbeispiel 1

Von besonderer Wichtigkeit ist die Tatsache, dass dieser Groove auf der Sechzehntel-Ebene – und nur dort – „triolisch empfindet“.

Der Begriff Groove lässt sich schwer fassen. Wenn ich hier bewusst von „triolisch empfindet“ spreche, dann deshalb, weil der Groove in diesem Zusammenhang *mehr* ist als ein bestimmter Schlagzeug-Rhythmus mit einzelnen Dauern auf verschiedenen Instrumenten. Er ist darüber hinaus Ausdruck eines Gefühls, einer Stimmung, einer Befindlichkeit. Marias Euphorie, ihre Glückseligkeit findet ihren musikalischen Ausdruck in einem Groove, der filigran und leicht ist, mit seiner 3-er-Ebene überdies „rund“. Der wiegende Charakter des Dreiers ist in vielen Bereichen Ausdruck eines Wohlgefühls. Der Bogen spannt sich vom Schlaflied bis zum Schunkellied des Karnevals. So schwer sich die emotionale Wirkung des Dreiers verbalisieren lässt, so einfach wird sie im körperlichen Nachvollzug deutlich.

Für die Chorsänger kann der zugrunde liegenden *Groove* entweder zur Klavierbegleitung oder auch zu einer Mouth-Percussion des Chorleiters körperlich nachvollzogen werden. Die Aufforderung, sich zur Musik, zum Groove zu bewegen, evtl. dazu zu tanzen, scheint hierfür der richtige Impuls. Ferner ist es hilfreich, den *Groove* im sog. *call & response*-Verfahren mit dem Chor zu üben.

Eine erste Zwischenbilanz: Die Verkörperung des Grooves und der Nachvollzug mit Hilfe der Mouth Percussion

- erleichtert den Zugang zum emotionalen Gehalt des Textes und
- ist zugleich eine Einführung in die Stilistik sowie eine Vorübung für die rhythmischen Schwierigkeiten des Notentextes.

Es ist zu beachten, ob die Bewegung, die zwangsläufig mit der Verkörperung einhergeht, nicht im Widerspruch zu einer korrekten sängerischen Grunddisposition steht.

Die euphorische Stimmung Marias erschließt sich dem Chor überdies sehr gut, wenn er nicht nur seinen eigenen Part übt, sondern exemplarisch auch Ausschnitte des (englischsprachigen) Soloparts probt. (Eine Besonderheit meiner Magnificat-Vertonung ist die Gleichzeitigkeit von englischem und lateinischem Text).

Notenbeispiel 2

Eminent wichtig für die angemessene Wiedergabe des Notentextes werden die beschriebenen Vorübungen und die Vergegenwärtigung des Grooves im folgenden Fugato-Teil:

Notenbeispiel 3

Der Themenkopf bekommt nur seine geforderte Leichtigkeit, wenn der triolische Charakter der Sechzehntelebene beachtet wird. Das gilt ganz besonders für den Einsatz des „mihi" nach der Achtelpause, sowie für die Sechzehntel des „qui potens est".

Die gemeinsame Arbeit aller Stimmen am dreitaktigen Themenkopf des Alts (z.B. T. 41-43) kann exemplarisch aufzeigen, welche Bedeutung der Groove und seine Verkörperung für die angemessene Interpretation der Musik hat. Es scheint eine unausgesprochene Übereinkunft zu geben, dass im Jazz und den jazzverwandten Bereichen die Groove-Verkörperung durch die Musiker angemessen und selbstverständlich ist.

Mit der Arbeit an meinem zweiten Beispiel möchte ich aufzeigen, welche Chancen sie auch für den sog. klassischen Bereich haben kann. Es geht also um *Gemeinsamkeiten* in beiden Bereichen: Gibt es eine Schnittmenge zwischen Groove-Verkörperung und der Verkörperung des Gestus klassischer Musik?

Ich bin auf diese verborgenen Möglichkeiten für meine Chorarbeit eher durch Zufall gestoßen, als ich mit meinem klassischen Konzertchor eine Aufführung der „Johannes-Passion" von J.S.Bach vorbereitete: Wir probten gerade die Nr.23a, jene Fuge, in der die Juden Pilatus warnen: „Lässest Du diesen los, so bist Du des Kaisers Freund nicht; denn wer sich zum Könige machet, der ist wider den Kaiser." Argumentatorisch raffiniert versuchen die Juden in dieser „Szene" des Oratoriums den römischen Statthalter Pilatus zu überzeugen, Jesus nicht freizulassen. Ich kann inhaltlich in diesem Rahmen nicht näher auf die Stelle eingehen, nur soviel sei hier bemerkt: Die inhaltliche Dramatik dieses Satzes und die hohe Dichte des Wort-Tonverhältnisses erleichterte die Probenarbeit ungemein.

Auch in der besagten Probensituation ging es mir darum, herauszuarbeiten, dass die Juden Pilatus mit großem Nachdruck warnten, ihn fast bedrohten. Wie kann dieser Ausdruck gelingen? In unserem Fall gelang der eindringliche Charakter zunächst deshalb nicht, weil schon der rhythmisch sehr komplexe Themenkopf der Fuge sehr unpräzise gesungen wurde. Immer wieder ließ ich den Chor das Thema unisono singen, ließ den Text rhythmisch sprechen etc., ohne dass sich etwas wesentlich verbesserte. Mehr zufällig begann ich bei der Übung auf den Zählzeiten 2 und 4 zu klatschen. Wie von einer magischen Hand geleitet oder von der Quantisierungsfunktion eines Sequenzerprogramms geordnet synchronisierten sich darauf hin die vielen Sänger meines Chores.

Notenbeispiel 4: J.S.Bach: Johannes-Passion Nr. 23a, Fugenbeginn Chorbass

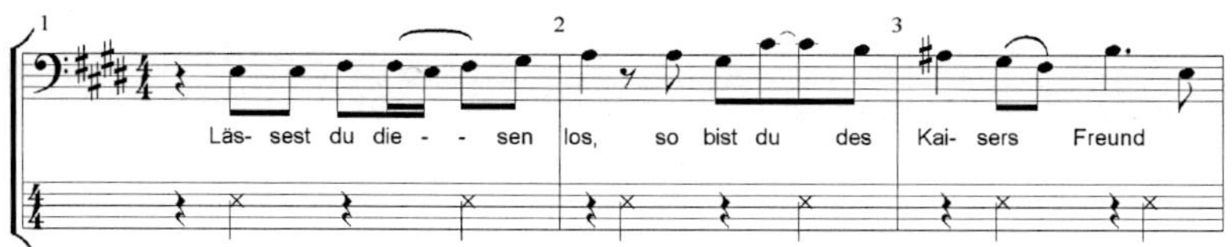

Notenbeispiel 5: Beginn des Fugenthemas mit Handclap auf 2 und 4

Was war passiert? Es stellte sich ein ähnlicher Effekt wie bei der Big Band Arbeit ein, wenn man zu einer kniffligen „A cappella"-Stelle der Blechbläser etwa den Schlagzeuger zur metrisch-rhythmischen Stabilisierung auf der HiHat die backbeats mitspielen lässt. Interessanterweise wäre für die metrisch-rhythmische Optimierung des Fugenkopfes ein durchgehender Viertelclick oder auch das Klatschen auf den Zählzeiten 1 und 3 nicht annähernd so hilfreich gewesen. Warum?

Der „Groove" der Bach'schen Fuge

Durch den schlagenden Erfolg meines Backbeat-Einsatzes etwas übermütig geworden, wollte ich das Ergebnis dadurch noch weiter stabilisieren, dass ich versuchte, den „Groove" des Bach'schen Themenkopfes zu entschlüsseln.

Auch hier entschied ich mich für einen Groove mit einer Sechzehntel-Ebene. Im Gegensatz zum Magnificat-Beispiel sind hier die Sechzehntel aber „gerade", keineswegs „rund" wie die triolisch aufgefassten. In ihrer Schärfe und Präzision eines Uhrwerks wirken sie geradezu „stechend" und „unnachgiebig".

Symptomatisch für die Beschreibungsversuche des groove-Phänomens ist die häufige Verwendung von Adjektiven, die eher Gefühlsebenen, Attitüden oder Stimmungen beschreiben.

Der vorgeschlagene „funkartige" Groove

Notenbeispiel 6: Funk-Groove

nimmt die gespannte und bedrohliche Atmosphäre der Szene auf. Lässt man den Chor diesen Groove sprechen und fordert die Sänger auf, ihn auch in Bewegung umzusetzen, zeigt sich, dass die Verkörperung optisch „eckiger" und „härter" ausfällt als beim Magnificat.

Eine zielführende Übung für den Chor ist in dieser Phase die Kombination des Grooves mit dem gesprochenen Text des Fugenthemas:

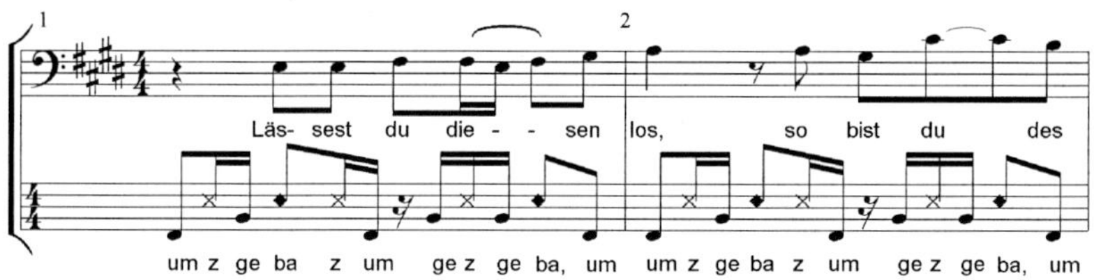

Notenbeispiel 7: Kombination Beginn des Fugenthemas und Funk-Groove

Haben Sie den Mut, die Szene mit ihrem Chor zu spielen: Übernehmen Sie die undankbare Rolle des zaudernden Pilatus: „Nehmet ihr ihn hin und kreuziget ihn; denn *ich* finde keine Schuld an ihm" oder „Soll ich euren *König* kreuzigen?" Lassen Sie sich von ihren Sängern mit dem Grundgroove und dem gesprochenen Fugenthema attackieren, dabei können die Frauen- und die Männerstimmen wechselweise den Groove bzw. den Text sprechen.

Die Verkörperung der Musik über den Groove hat in der weiter oben zitierten Probe zwei Dinge, die zuvor höchst unpräzise gesungen wurden, frappierend verbessert:

1. Die „s"-Absprache von „los" im 2.Takt auf der Zählzeit 2 synchronisierte sich. Das „s" bekam einen „HiHat-Effekt".
2. Im 1.Takt wurde die Nachsilbe „-sen" von „die-sen" auf Zählzeit „4 und" nicht mehr zu früh gesungen, d.h. insgesamt stabilisierte sich das Tempo.

Die vorhandene Sechzehntel-Ebene erleichterte die genaue Positionierung der Backbeats und ermöglichte eine lockere Grunddisposition der Sänger, die in einer späteren Phase der Probe erlaubte, die Fuge auch in einem recht schnellen Tempo zu probieren.

Um die Bedeutung der Backbeats bei der Groove-Übung, aber auch beim Sprechen und Singen des Fugenthemas hervorzuheben, ließ ich den Chor dazu selbst auf 2 und 4 klatschen. Der haptische Nachvollzug steigerte die Präzision zusätzlich.

Die gewonnene Genauigkeit und die Erweiterung des Tempospektrums blieben nicht Selbstzweck, sondern bekamen ihre eigentliche Bedeutung erst bei der sich anschließenden Interpretationsarbeit: So konnte das Insistieren der Juden, die Eindringlichkeit, mit der sie den römischen Statthalter warnten, plastischer dargestellt werden. Interessanterweise bekommt in der Kombination mit den Backbeats automatisch das „du", also die persönliche Ansprache Pilatus' ein stärkeres Gewicht. Dass Bach das „nicht", also die Negation der Aussage im Fugenthema derart versteckt hat, bleibt für eine Interpretation, die den Sinngehalt des Textes herausarbeiten möchte, ein fast nicht lösbares Problem.

Worin ist in Hinblick auf die Verkörperung der Musik eine gemeinsame Schnittmenge zwischen Jazz und jazzverwandter Musik einerseits und so genannter klassischer Musik andererseits zu sehen?

Wesentliche Voraussetzung ist die Annahme, dass auch einem klassischen Stück (in unserem Falle die Bach'sche Musik) so etwas wie ein Groove unterliegen kann. Dies wird noch einsichtiger, wenn man bedenkt, dass zahllosen Kompositionen Bachs barocke Tänze zugrunde liegen. Auch sie haben ähnlich wie aktuelle Stilistiken aus dem Jazz und jazzverwandten Bereich feste wiederkehrende rhythmische Grundmuster, die Betonungsschwerpunkte im Takt und damit einen bestimmten Gestus festschreiben. (Im Übrigen wird der Sänger und Hörer im Barock diese zugrunde liegenden Tänze viel intensiver wahr-

Notenbeispiel 8

genommen und mitgehört haben, als wir das heute aufgrund anderer Hörerfahrungen tun können.)

Die Methode der Groove-Unterlegung lässt sich bei vielen Kompositionen des Barock, aber auch bei manchem Satz der Klassik anwenden. Sind die Kompositionen dagegen agogisch sehr ausdifferenziert, wie etwa viele Werke der Romantik, ist die beschriebene Vorgehensweise nicht oder nur bedingt sinnvoll.

Fazit

Mit den beiden Probenausschnitten dieses Workshops sollte aufgezeigt werden, wie die Groove-Verkörperung sowohl im Jazz als auch im klassischen Chorgesang für eine sinn-erfüllte Probenarbeit fruchtbar gemacht werden kann:

- Sie befördert einerseits den körperlichen Nachvollzug des emotionalen Gehalts der Musik.
- Sie erhöht andererseits die rhythmische Präzision der Chorsänger.

Weiterführende Literatur zu diesem Thema:

[1] Carbow, Martin/Christoph Schönherr: *Chorleitung Pop/ Jazz/Gospel – Der sichere Weg zum richtigen Groove*, Mainz 2006

[2] Schönherr, Christoph: Sinn-erfülltes Musizieren – *Chancen und Grenzen seiner Vermittlung in Probensituationen*, Kassel 1998

[3] Schönherr, Christoph: *Händels Messias und die Hommage* Handel's Messiah – a soulful celebration, in: Hans Bäßler (Hg.) *Brücken – Musikunterricht im geeinten Europa*, Mainz 2001

Glossar

Allergen - Stoff, der eine Allergie auslösen kann.

Ansatzräume - aus dem Orgelbau (Ansatzrohr) entlehnter Begriff zur Beschreibung der anatomischen Räume des Stimmapparates oberhalb der Glottisebene: obere Anteile des Kehlkopfes, Rachenräume, Mundhöhle, Nasenhaupt- und -nebenhöhlen.

Call and Response - Wechselgesang von zwei oder mehr Gruppen von Personen oder Solosängern.

Cante Hondo - alte Form des Flamenco Gesangs. Charakteristisch ist sein klagender Ausdruck.

Dāgar gharānā - System sozialer Organisation in der klassischen indischen Musik, welches Musiker über eine Abstammungslinie oder aufgrund gemeinsamer Lehrverhältnisse unter Aufrechterhaltung eines eigenen musikalischen Stils gruppiert.

Diminution - Verkleinerung von Notenwerten und/oder Intervallstrukturen, Verzierung, die mit der Verkleinerung des Zeitwertes der Noten arbeitet.

emisch - hier: Musik wird in ihrer eigenen Geschichte, in ihrer Eigenständigkeit und ihrem Eigenwert begriffen und aus der Perspektive jeweiliger Vertreter der Kultur betrachtet.

emotional - von lateinisch „emovere“ = innerlich bewegend, gefühlshaft.

Evolution - ist die Veränderung der vererbbaren Merkmale einer Population von Lebewesen von Generation zu Generation.

Formant - Resonanz der Ansatzräume.

Glottis, glottisch - Stimmritze, Raum zwischen den Stimmlippen im Kehlkopf.

griot - in manchen Regionen auch als jeli (weiblich: jelimuso) bezeichnete professionelle männliche oder weibliche (griotte) Musiker bzw. Sänger in Westafrika.

Humanethologie - Zweig der Verhaltensbiologie.

Immunabwehr - die Bereitschaft des menschlichen Organismus, sich gegen krankmachende Einflüsse gesund zu erhalten.

Kastratensänger - Sänger, die durch eine operative Entfernung der Keimdrüsen vor der Mutation an der Entwicklung einer männlichen Stimme gehindert wurden.

Kasuistik - Fallbeschreibung.

kognitiv - von lateinisch „cognoscere“ = erkennen, Ebene der Gedanken und des Wissens.

Konstitution - Die durch die Erbanlage bestimmte körperliche Verfassung.

laminare Strömung - (von lat. lamina - die Platte) ist die Bewegung von Flüssigkeiten und Gasen, bei der keine Turbulenzen (Verwirbelungen/Querströmungen) auftreten.

nāda yoga - Wahrnehmung des inneren Klangs und seiner Schwingungseigenschaften. nd̄a (Klang) aus dem Sanskrit nād (strömen).

ontogenetisch - die Entwicklungsgeschichte des Einzelnen betreffend.

Pathomechanismus - Erklärung für die Entstehung einer Erkrankung, Ablauf eines Krankheitsprozesses.

phylogenetisch - die Entwicklung einer Art betreffend.

Prämutationsphase - Entwicklungsphase vor der Mutation, hier: beginnende stimmliche Veränderungen, die den Beginn der Mutation anzeigen.

Postmutationsphase, postmutational - Entwicklungsphase nach der Mutation, hier: Phase der stimmlichen Stabilisierung.

rāga - melodische Grundstruktur der klassischen indischen Musik. Klangcharaktere, denen eine feststehende Tonskala zugeordnet ist. Bestimmt die ornamentalen Elemente und Ausdruckmöglichkeiten einiger Töne.

Rating - subjektive Einschätzung eines Parameters durch Experten.

Recessus piriformes - birnenförmige Schleimhaut-Aussackungen rechts und links des Kehlkopfes.

rekreieren - hier: Fähigkeit, den Ausdrucksgehalt des erlernten Stils mit jedem beliebigen Repertoire zu verwirklichen.

Ritualisierung - Begriff aus dem Gebiet der Ethologie für einen Vorgang, dessen Ergebnis man als Verständigung durch Körpersprache beschreiben kann.

Schallleitungsschwerhörigkeit - Form der Schwerhörigkeit durch Verminderung der Weiterleitung des Schalls von der Ohrmuschel über den äußeren Gehörgang und das Trommelfell in das Mittelohr und von dort über die Gehörknöchelchen zum Innenohr.

Shouting - Anwendung der Rufstimme beim Singen.

Stimmgattungen - Syn. Stimmlagen; Klassifizierung von Sängerstimmen nach verschiedenen Merkmalen, um vor allem bestmögliche Klangentfaltung und Leistungsfähigkeit abzusichern, beispielsweise: Sopran, Alt, Tenor, Bass.

Strömungsglottogramm - Kurve, die die zeitliche Variation des Luftstroms durch die Stimmlippenebene darstellt.

subglottischer Druck - Luftdruck unter der Stimmlippenebene.

svara - der Ton bzw. die Tonhöhe der klassischen indischen Musik im Allgemeinen, oder Stufe der Tonleiter. Auch: Tonfolgen oder melodischer Aspekt.

tānpūrā - indisches Saiteninstrument, das zu der Familie der Langhalslauten gehört. Die vier oder fünf Saiten sind auf einen Grundton (meistens auf C) und dessen Quinte und Oktave gestimmt und werden ungegriffen gezupft.

Trachea - Luftröhre.

Index